中南财经政法大学出版基金资助出版

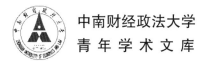

中南财经政法大学
青 年 学 术 文 库

我国保险行业声誉风险研究

仲赛末 著

WUHAN UNIVERSITY PRESS
武汉大学出版社

图书在版编目(CIP)数据

我国保险行业声誉风险研究/仲赛末著.—武汉：武汉大学出版社，
2022.11
中南财经政法大学青年学术文库
ISBN 978-7-307-23211-2

Ⅰ.我…　Ⅱ.仲…　Ⅲ.保险业—风险管理—研究—中国　Ⅳ.F842

中国版本图书馆 CIP 数据核字(2022)第 132829 号

责任编辑：宋丽娜　　　责任校对：鄢春梅　　　版式设计：韩闻锦

出版发行：**武汉大学出版社**　　(430072　武昌　珞珈山)
　　　　　(电子邮箱：cbs22@whu.edu.cn　网址：www.wdp.com.cn)
印刷：湖北金海印务有限公司
开本：720×1000　　1/16　　印张：12.25　　字数：179 千字　　插页：2
版次：2022 年 11 月第 1 版　　　2022 年 11 月第 1 次印刷
ISBN 978-7-307-23211-2　　　定价：56.00 元

前言①

金融机构高度依赖信用经营的特殊性，决定了声誉对保险公司、保险行业至关重要。2012—2016 年监管部门逐步放宽公司治理、资金运用、费率厘定、机构牌照审批等政策限制，使我国保险市场不断深化。但是，以安邦、恒大、前海为代表的寿险公司打"政策擦边球"，采取销售理财化的万能险、快速吸收新增保费、高调举牌上市公司、大肆跨境并购的激进经营策略，致使保险业系统风险不断扩大。2016 年 12 月 3 日，证券监管机构严厉批评个别险企使用万能险保费(非自有资金)，在资本市场频频举牌，甚至争夺上市公司控制权是"野蛮人""强盗"行为。为此，保监会于 2017 年 1 月起紧急纠正中短存续期人身险业务和保险机构股票投资规定，整治行业乱象，更对浙商财险等多家保险公司实施严厉惩处，全年共处罚金 1.5 亿元。

然而，保险业的声誉危机并没有就此结束：2017 年 5 月，媒体报道前海人寿可能存在 600 亿元的资金缺口，引发外界对激进经营型公司的一致担忧；2017 年 9 月，最高检对保监会原主席项某以涉嫌受贿罪正式立案侦查；2018 年 2 月 23 日安邦保险集团因虚增资本、资产负债不匹配、违规投资等问题被中国保监会接管，原董事长兼总经理吴某涉嫌经济犯罪被提起公诉。截至目前发生的一系列声誉事件，让保险业在公众心中的形象一落千丈，严重损害投保人对保险公司的信任，全行业声誉风险不断提高。统计显示，2017 年寿险公司万能险保费收入

① 本书案例部分受中南财经政法大学 2021 年校级教学研究项目"思政案例在保险学课程中的应用——以保险公司经营管理为例"(YB202114)资助。

5892.36亿元，同比下降50.3%，74家寿险公司中更有49家万能险业务出现负增长，占比69%；从业务结构看，万能险占比19.95%，较去年下降16.9%，充分表明声誉危机已经给保险行业带来了严重的经济后果。

针对上述情况，本书试图解决四个问题。

第一，声誉风险的形成、传导机制是什么，具体有哪些特征？

第二，在定性分析声誉风险的基础上，如何制定保险公司声誉指数，分析声誉风险对保险公司经营状况的影响？

第三，保险公司的声誉风险具有溢出效应，如何在重大声誉事件后测算保险行业的声誉损失，如何根据测算出的声誉损失估计分布和损失区间？

第四，以前海人寿、险资举牌为案例，从公司、行业和监管三者角度出发，应该如何识别和预警声誉风险，避免再发生类似的声誉事件。

对于第一个问题，本书认为声誉风险具有信息外部性，特定保险人的声誉事件会产生溢出效应，牵连保险行业陷入集体声誉危机，甚至触发保险业系统性风险。首先使用一般均衡理论分析集体声誉，研究单个保险公司声誉对保险行业声誉的影响，得出行业声誉会随保险公司数量的增多而递减。监管机构需要制定保险公司最低声誉标准。然后使用博弈论模型研究监管者声誉对行业风险的传染效应，研究发现，投保人会根据保险公司之前的经营状况对监管者能力进行判断，从而决定是否继续购买保险产品，继而影响行业的未来发展。

对于第二个问题，本书以一般公司声誉指标和保险公司信用评级指标作为参照，专门设计了包括保险公司经营、行业发展和宏观环境在内的声誉指标，使用主成分分析法测算出寿险公司在2010—2016年的声誉指数，并用组合赋权法进行对比验证，结果基本一致。根据测算出的寿险公司声誉指数，应用期望波动理论测算出保险公司声誉风险指数，从静态、动态两个角度研究声誉风险对公司经营状况（总体绩效、承保和投资绩效以及总体风险）的影响，最后对回归结果进行实证分析和稳健性检验。研究发现，保险公司声誉指数越高，总体绩效越好；而声誉指数低的保险公司虽然可以提高投资绩效，但同时加剧了总体经营风险。

对于第三个问题，本书继续在保险公司声誉风险指数的基础上得出保险行业声誉风险指数。此外，重大声誉事件会给整个保险行业带来声誉损失，通过事件研究法测算保险板块股票在声誉事件窗口期的异常收益，从而对保险行业声誉损失进行简单估计。不同于国外研究结果，本书发现事件窗口期为(-5，5)和(-3，3)时，保险行业声誉损失符合前人研究。

对于第四个问题，笔者以前海人寿、险资举牌分别进行案例分析，结合前文研究结果，得出如下结论。一是探讨声誉风险的定量研究方法。通过借鉴操作风险、系统性风险的理论模型，再结合声誉风险特征，将研究视角从公司向行业扩展，以更有效地估计声誉损失。二是完善声誉风险的监管体系。保监会在完善现有声誉风险管理的基础上，可以根据保险公司规模、业务类型和经营模式，选择行业声誉重要机构，构建行业声誉风险指数，全面预警、管理声誉风险。三是协调金融监管部门职能。我国金融稳定委员会需要尽快落实宏观审慎的监管框架，协调"一行三会"的监管职能，关注影子银行、资管行业、互联网金融和金融控股公司等形式的金融创新。保险监管机构应以 AIG 危机(超越传统保险业务的创新)为戒，更加注重行为监管、穿透式监管和功能监管，弥补监管空白。

和前人研究相比，本书的主要创新之处为以下四方面。

首先，按照从公司到行业的研究主体，构建了保险行业声誉风险研究理论体系。在借鉴金融机构操作风险理论的基础上，比较并重新辨析了核心概念(保险公司声誉风险、保险行业声誉风险、保险公司声誉指数、保险业声誉风险管理)、研究逻辑脉络(从保险公司声誉风险到保险行业声誉风险)、研究逻辑框架(理论模型、实证研究和案例分析相结合)在内的理论体系，改变现有的以定性研究为主的模式。

其次，设计了我国保险行业声誉评价指标体系。目前，专门针对保险公司声誉风险评价指标体系的研究相对较少，本书在结合 Harris-

Formbrun 声誉指标与保险公司信用评级理论的基础上，充分考虑保险公司经营的特殊性，参照中国保监会《寿险公司法人机构经营评价指标》，设计了专门针对人身险公司的声誉指标体系，并使用主成分分析和组合赋权法两种标准化处理方法进行对比，生成了能够反映我国寿险公司特征的声誉指数和声誉风险指数，并依此定量分析了声誉风险对我国保险公司经营状况的影响。

　　然后，本书从事件研究出发，对我国保险行业的声誉损失进行了评估。声誉事件具有外部性，会对和涉事公司经营业务类型相似的保险人产生传染效应（行业内部），会对和涉事公司经营业务迥异的保险人产生竞争效应。笔者认为，声誉损失为公司市值损失超出实际损失的部分，根据事件研究法计算上市保险公司在声誉事件发生后的总体异常收益，对行业声誉损失进行了估计。

　　最后，以我国保险业 2016 年的声誉事件为例，结合前文定性、定量研究结果，提出保险业声誉风险的管理方法。在对前海人寿、险资举牌进行综合的案例分析后，笔者认为要从公司、行业和监管机构三个方面对声誉风险的源头进行把控，实现从微观、中观到宏观三个治理层次来预警、识别和管理保险公司、保险行业的声誉风险，维护保险业系统的稳健性。

目　　录

第一章 导 论

第一节 研究背景与意义

一、研究背景

2012—2016 年，监管部门逐步放宽公司治理、资金运用、费率厘定、机构牌照审批等政策限制，我国保险市场改革不断深化。然而，以安邦、恒大、前海为代表的寿险公司打"政策擦边球"，采取销售理财化的万能险、快速吸收新增保费、高调举牌上市公司、大肆跨境并购的激进经营策略，致使保险业系统风险不断扩大。2016 年末，安邦集团等七大保险集团在资本市场频频举牌，恒大人寿甚至采取"短线快炒"的操作手法，招致多家上市公司集体抗议。股权结构和万科同样分散的格力电器被前海人寿举牌后，董事长董明珠批评险资为"中国制造的破坏者""罪人"，继而证监会主席发表脱稿讲话，称其为"野蛮人""妖精"，经过新闻媒体的大肆渲染，整个保险行业陷入巨大的声誉危机。虽然保监会事后一再强调"保险业姓保，保监会姓监"，并对涉事公司前海人寿和恒大人寿进行了严重处罚，但随着保监会前主席项某被调查，2017 年一季度开始多家寿险公司的保费增速大幅下降，投诉率上升，万能险业务被整顿，整个寿险业增长前景堪忧。

然而，保险业的声誉危机并没有结束：2017 年 5 月，媒体报道前海人寿可能存在 600 亿元的资金缺口,引发外界对激进经营型公司的一致担忧;2017 年 9 月,最高检对保监会原主席项某以涉嫌受贿罪正式立案侦查;2018 年 2 月 23 日,安邦保险集团因虚增资本、资产负债不匹配、违规投资等问题被中国保监会接管,原董事长兼总经理吴某涉嫌经济犯罪被提起公诉。截至目前发生的一系列声誉事件,使保险业在公众心中的形象一落千丈,严重损害投保人对保险公司的信任。统计显示,2017 年寿险公司万能险保费收入 5892.36 亿元,同比下降 50.3%,74 家寿险公司中更有 49 家万能险业务出现负增长,占比 69%;从业务结构看,万能险占比 19.95%,较去年下降 16.9%,充分表明声誉风险的溢出效应已经给保险业带来严重的经济后果。普华永道 2017 年的研究报告(Insurance Banana Skins,2017)将"声誉风险"列为中国大陆地区保险业需要面对的第二大风险。

二、研究意义

声誉是整个保险行业的安身立命之本,保险公司依靠社会声誉和公众信任维持运转。由于保险公司声誉风险来源的复杂性和多样性,以及声誉风险的突发性、持续性和传染性,保险公司一旦遭遇声誉危机,不仅会直接损害保险公司的声誉,还会引发公众对整个保险业的信任危机。

已有文献对保险业声誉风险的分析,多集中于特定保险公司自身声誉风险的事件研究。本书立足于整个保险市场的高度,旨在通过分析保险行业声誉风险的形成机制和演变规律,构建保险行业声誉风险的理论模型,建立保险行业声誉风险的评价指标和评价体系。以此为基础,为监管部门建立预警机制、应急方案、风险化解机制等提供政策建议,解决我国保险业的"公地悲剧"问题,保障保险业的可持续发展,推动保险成为社会保障和风险管理的"主力军",成为构建和谐社会和促进经济发展的重要力量。

第二节 研究目标与研究内容

一、研究目标

本书站在行业角度,以我国保险行业声誉风险的形成机制与演化规律为基础,构建基于利益相关者角度的保险市场声誉机制的研究框架,在此基础上实证设计保险市场声誉指数测评体系,对声誉风险进行度量,探讨声誉风险的内部、外部驱动因素,分析声誉风险对保险经营状况的影响,探索保险公司微观声誉风险管理和宏观声誉风险监管相结合的制度机制,为保险行业声誉风险的监管设计方案。

二、研究内容

(一)保险行业声誉风险的形成与作用机制

保险产品消费与一般商品消费存在明显不同:保险消费是需要先付出成本(保费支出)、后获得(不确定的)收益(只有保险事故发生,被保险人才能获得保险赔付)的过程,而一般商品消费是在付出成本的同时获得该商品的收益(Arrow,1971)。受"当前付出成本、未来获得收益"的保险消费模式以及"事先定价、未来赔付"的保险供给模式的影响,保险行业的声誉风险与其他行业的声誉风险存在显著不同。本书首先针对保险行业声誉风险的形成、传播、作用机制建立经济学模型,包括两个方面:①集体声誉模型,旨在分析不同保险公司在整个保险行业的动态均衡过程,如何在集体声誉环境下,选择声誉好或差的保险公司最低声誉标准,实现行业效用最大化;②监管者声誉模型,旨在分析监管者声誉对行业风险的影响,潜在投保人根据保险公司在一定时期的经营状况,判断监管者的水平,以此决定保险行业是否得以维持。

本书还将对 2016 年发生的一系列"险资举牌"事件(或前海人寿事件)进行案例分析,采用动态的视角观察问题,分析声誉事件的形成、演变和经济后果,分析声誉风险从特定保险公司蔓延到保险行业的演变过程,研究其在行业内部引起的溢出效应(传染效应和竞争效应),探讨保险行业声誉机制的作用机理,寻找行业声誉风险的演变规律。

(二)保险市场声誉风险的评价指标体系与声誉风险度量

我们将从保险公司年报、协会网站、公开媒体等渠道手动收集保险公司声誉损失数据,分析保险公司声誉风险的分布特征,借鉴 Fombrun-Harris 的公司声誉测评度量方法,根据声誉风险分布的实际情况,本书使用主成分分析法和组合赋权法计算保险行业声誉指数。其中主成分分析方法,在概括保险公司声誉风险关键评价指标(企业感召力、产品与服务、目标与领导层、工作环境、财务业绩、社会责任、创新与风险控制等)的基础上,采用降维的方法,将相关层次之间的影响关系都纳入网络,利用组合赋权法分析指标层次影响关系,求出各因子关系的混合权重,并按照引发声誉风险概率的大小,对声誉风险影响因素及各家保险公司声誉风险排序。主客观相结合的方法,利用了主成分分析法中将原有变量重组、降维的过程,通过分析一定数量的综合变量对原有信息的解释力度随时间变化的情况,推测各个变量之间关联性的紧密程度,从而判断声誉风险的变化情况。我们将根据各家保险公司在全行业所占的权重,得出 2009—2018 年保险行业的声誉指数,展示各家公司声誉风险的历史变化。

(三)声誉风险的影响因素以及声誉风险对保险公司经营状况的影响

保险市场的内部因素是声誉风险产生的根源,外部因素对声誉风险也具有不可忽视的影响。本书在量化保险市场声誉风险的基础上,以声誉风险指数为因变量,考虑外部冲击因素,如重要宏观经济变化、金融变化、保险制度变化(如监管、市场化、市场竞争、开放)等因素,通过经济计量方法,考察我国保险市场声誉风险的外部影响因素及影响机制。

我们还将采用计量模型分析声誉指数对保险公司财务状况(绩效和风险)的短期影响和长期影响。其中，在绩效方面，用资产报酬率(ROA)、股权收益率(ROE)营销费用率、综合损失率和投资收益率来度量寿险公司的总体、承保和投资绩效；在风险方面，用资产报酬率(ROA)的三年滚动标准差、股权收益率(ROE)的三年标准差来衡量总体经营波动风险。我们通过实证分析得出声誉风险对公司经营状况的影响。

(四)保险市场声誉风险的防范与化解措施

我们结合定性、定量研究结果，提出保险业声誉风险的防范与化解措施。在对前海人寿、险资举牌等声誉事件进行全面的分析后，我们认为，要从公司、行业和监管三个方面对声誉风险进行治理，实现从微观、中观到宏观三个治理层次来预警和识别保险公司、保险行业的声誉风险，维护保险业系统的稳定。本书将考虑如何将保险市场声誉风险监管与保险公司微观声誉风险管理结合起来，降低保险业在声誉危机下发生系统性风险或者导致大范围保险危机的可能性。主要包括如下内容：①声誉风险指数的构建和发布；②声誉风险跟踪分析及报告；③宏观声誉风险监管与微观声誉风险管理的协调机制。

第三节　研究方法与框架

一、研究方法

(一)理论分析

在理论分析方面，保险行业供给方和需求方具有显著不同于一般金融行业的特点，因此保险行业声誉风险的形成机制和演变规律具有不同的特性。保险公司声誉风险的形成和演化主要取决于保险机构和潜在投保人、监管机构和潜在投保人之间的动态博弈。我们将依据信息经济学和制度经济学的分析范式来分析保险市场声誉风险的形成机制，并进行后果评估。采用的分析工具是动态博弈方法（针对潜在投保人和监管者之间的博弈）和一般均衡分析方法（各家保险公司声誉如何改变投保人购买/退保决策，从而影响保险行业声誉）。

（二）实证研究

在实证研究方面，本书结合主成分分析法、组合赋权法，构建适合保险业特征的声誉指数评价指标体系。保险公司声誉指数的设计应基于利益相关者角度综合度量，并且需要与保险公司微观声誉机制理论紧密结合，将内部因素和外部因素相结合。在此基础上，实证研究保险市场声誉风险的内、外部冲击因素，以及声誉风险对保险公司经营状况的影响。

首先在 Harris-Fombrun 声誉指数基础上，结合保险公司经营的特殊性，专门设计了保险公司声誉指标。主要从十个方面加以考虑，包括：①企业感召力；②产品和服务；③目标和领导层；④工作环境；⑤财务状况；⑥保险创新与风险；⑦监管处罚；⑧社会责任；⑨行业发展；⑩宏观经济环境。所有指标均为公开可得数据，数据来源为国泰安、中国保险年鉴、人民银行、银保监会官方网站和各家保险公司披露的年度报告。

在行业声誉损失度量方面，采用如下研究方案：不管是非金融机构还是金融机构，主要采用事件研究法估计声誉损失。过往研究在量化声誉损失时，多将其作为银行、保险公司操作失误后的结果进行处理（De Fontnouvelle & Perry，2005；Cummins、Lewis & Wei，2016；Gillet、Huber & Plunus，2010），以涉事公司发生声誉事件后的异常收益率减去操作损失率作为声誉损失。而 Cummins、Wei & Xie（2007）则认为，保险公司、银行间的声誉风险会在行业内传染，即使是非上市公司发生的重大声誉事件，也会对上市公司的市值造成负面影响，从而以涉事金融机构发生声誉事件后，对全体非涉事公司造成的市值总损失，作为金融行业声誉损失的度量方法。研究发现，投资银行发生声誉事件后，会迅速对保险公司、商业银行产生传染效应。我们在此基础上，研究保险公司的声誉风险在保险行业内的传染效应。本书具体以 2015—2017 年影响保险行业重大声誉事件发生后，对六大上市保险公司天茂集团（000627）、西水股份（600291）、中国平安（601318）、新华保险（601336）、中国太保（601601）和中国人寿（601628）造成的异常收益率作为声誉损失进行测算。

（三）案例研究

在案例研究方面，由于声誉风险在保险公司层面和保险行业层面的传导机制是不同的，不同公司声誉在整个保险行业的动态均衡过程，会使声誉危机呈现不同的演化路径。我们将通过典型的、有影响力的声誉危机实际案例，包括公司声誉事件和行业声誉事件，研究如何通过持续的声誉报告和社会责任报告来应对声誉危机。

在公司声誉风险案例研究中，我们以 2017 年 6 月 30 日落下帷幕的"宝万之争"为例，从微观和中观两个层面详细分析前海人寿保险公司声誉风险的成因、影响及其治理措施。与一般金融企业不同，保险公司的主要业务在于承保和投资，但声誉危机大多由投资业务触发，我们通过分析前海人寿在"宝万之争"中发挥的"融资平台"作用，揭示公司治理和行为监管在声誉危机治理中的作用。我们通过分析声誉风险从特定保险人蔓延到保险行业的过程，探究其在行业内部引起的溢出效应（包括正向溢出效应和负向溢出效应）。个别保险公司声誉事件的累积甚至可能触发保险业系统性风险，我们据此提出相应的保险业声誉风险治理措施。

在行业声誉风险案例研究中，我们以"险资举牌"作为典型案例，从利益相关者角度来分析保险行业声誉风险的传导机制，具体包括涉事保险公司、非涉事保险公司、监管部门以及新闻媒体，分析各利益相关者在行业声誉风险形成中所扮演的角色，分析声誉风险从特定保险公司蔓延到保险行业的形成过程，研究其在行业内部引起的溢出效应（包括

7

正向溢出效应和负向溢出效应），从退保率变化、保险行业板块市值波动、行业系统性风险触发（含狭义和广义）三个方面分析声誉风险溢出的经济后果，为防范我国保险业系统性声誉风险的发生、构建金融业统一监管框架、消除监管壁垒提供政策建议。

综上所述，保险行业声誉风险属于金融系统性风险的一部分，因此需要纳入系统性风险监管的研究框架，需要设计保险公司的微观声誉风险管理和宏观声誉风险监管相结合的监管制度体系，从而建立保险市场声誉风险防范与化解机制。

二、创新之处

①研究视角上：本书从行业角度审视保险市场的声誉风险，这一视角有别于从保险公司微观管理视角考察声誉风险的传统模式，可以增强对保险行业声誉风险特殊性的科学认识和理解，丰富金融行业声誉风险管理理论，对传统的组织声誉风险理论进行补充，为行业声誉风险的监管提供理论支持。

②研究内容上：本书不仅从理论分析保险行业声誉风险的形成机制和传导演变规律，也用数量方法对声誉风险进行度量，弥补国内外文献中行业声誉风险定量分析匮乏的缺陷，评估声誉风险对公司经营状况的短期和长期影响，拓展保险公司声誉风险方面的研究。

③研究方法上：本书通过理论建模、经济计量、案例研究等研究方法的综合应用，探讨行业声誉风险的形成机制、演变规律、度量方法以及影响因素，基于利益相关者角度设计行业声誉指数测度指标，结合专家调研、主成分分析和组合赋权法等实证方法，对声誉风险度量中的难点进行突破。

④研究成果上：本书将获得保险行业声誉风险形成机制的理论分析成果，获得声誉风险演变、溢出以及经济后果的经验证据，设计保险市场声誉指数测评体系，探索保险公司微观声誉风险管理和宏观声誉风险监管相结合的制度机制，为保险市场声誉风险的监管提出设计方案，为

保险公司声誉风险管理制度的完善、保险监管机构行业声誉风险的预警、声誉危机化解机制的建立提供政策建议。

三、研究框架

本书的研究框架，如图 1.1 所示。

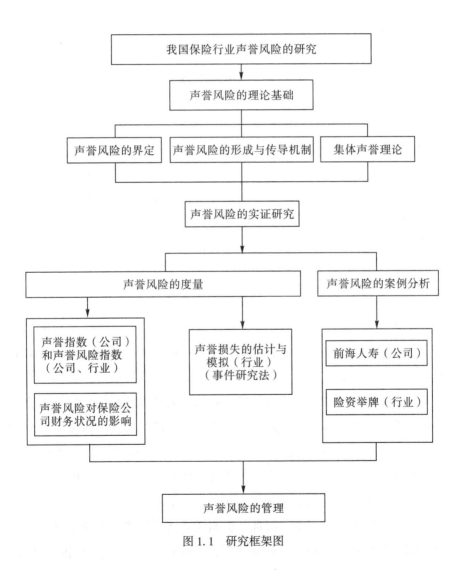

图 1.1 研究框架图

第二章 理论分析

第一节 声誉风险的形成机制

声誉危机的起因、性质不同，危害程度也会不同，对危机的处理方法也应区别对待。关于保险公司声誉风险的传导和溢出，Aharony & Swary(1983)，Fenn & Cole(1994)，Cowan & Power(2001)，Lang & Stulz(1992)，Cummins、Wei & Xie(2011)，张琳、徐建硕(2015)等进行了相应的研究。

在声誉风险的传导方面，Aharony & Swary(1983)开创性地区分了纯传染效应和以信息为基础的传染效应，认为前者是非理性的市场反应，即使是风险特征不同的非涉事公司也会受到波及，即"城门失火，殃及池鱼"，比如银行挤兑；后者则只影响风险特征类似的非涉事公司，反映理性估值，不会带来社会成本。Fenn & Cole(1994)和Cowan & Power(2001)研究了 First Executive Corporation 失败的案例，证实以信息为基础的传染效应曾在寿险业发生：持有大规模垃圾债券的寿险公司(类似 First Executive Corporation)在危机中遭受了更严重的影响。Lang & Stulz(1992)提出竞争效应的概念，认为涉事公司的声誉事件会导致作为竞争对手的非涉事公司遭受正向冲击，因为对负面消息应对不及时的涉事公司无法阻止顾客向竞争对手外流。若传染效应和竞争效应同时发生，正、负外部性的影响还会相互抵消，事件研究可以测量哪种效应起主导作用。研究表明，涉事保险公司的操作事件(包括战略事件、声誉事件和其他商业事件等)不仅会对自身股价产生显著性影响,信息的正、负外部性还会在行业内产生影响,导致非涉事保险公司的价值变动,这被称作操作风险的溢出效应。通常认为,负外部性产生传染效应,正外部性带来竞争效应(Cummins、Wei & Xie,2011)。吕卓(2016)也指出,声誉风险具有复杂性、非独立性和外溢性特征。

第二节 声誉风险的度量

(一)借鉴操作风险

1. 损失分布

声誉损失主要来自操作事件、战略事件,由于缺乏历史数据,一般难以量化。现有研究多是将声誉风险作为操作风险的子风险(risk cell)进行估计,使用 Basel III、Solvency II 协议中关于操作风险的测度方法,对声誉损失频率和声誉损失数量进行分布拟合,计算出分布参数。通过各种统计检验方法判断各种概率分布与保险公司实际声誉损失数据的匹配程度,或者使用蒙特卡洛模拟,再对拟合结果进行检验(例如,McNeil et al., 2005;Chavez-Demoulin et al., 2006;Gourier et al., 2009;Chaudhaury, 2010;Brechmann et al., 2014)。Dutta & Babbel(2013)使用测度分析法估算不同情境(scenario analysis)下所需的操作风险资本;Gatzert & Kolb(2014)按照 Solvency II 的监管要求,计算保险公司、保险行业内的操作风险资本;Chavez-Demoulin(2015)考虑了操作风险损失的协方差使用极值法进行估计:这些方法均适用于声誉风险。

2. 事件研究法

部分学者采取事件研究法来度量声誉风险的损失。Perry(2005)和 Cummins(2006)最早分析了美国银行业和保险业的数据,发现市场对声誉事件的反应超出会计账面损失,因而将声誉损失定义为公司市值损失超出实际损失的部分。Cannas et al.（2009）、Gillet et al.（2010）、Biell & Muller（2013）、Sturm（2013）、Fiordelisi et al.（2013、2014）继续沿用此定义，利用 CAPM 模型将加总的异常收益 $CAR_{i,k}^{l}(\tau_1, \tau_2) = \sum_{t=\tau_1}^{\tau_2} AR_t^{l,i,k}$ 作为公司 l 在窗口期 (τ_1, τ_2) 内的声誉损失，其中，$AR_t^{l,i,k}$ 表示在时间 t 第 i 个声誉事件给公司 l 带来的第 k 项异常收益，$i = 1, \cdots, I$；$k = 1, \cdots, N_i^l$。

最新的研究来自 Eckert & Gatzert（2016），他们在操作风险模型的基础上，把声誉损失作为操作事件的结果考虑，首先设定声誉损失 $Y_{i,k}^l$ 为操作损失 $X_{i,k}^l$ 超出门槛值 H_i^R 的部分，$Y_{i,k}^l = - M_{0,i,k}^l CAR_{i,k}^l(\tau_1, \tau_2) \cdot 1_{\{X_{i,k}^l \geq H_i^R\}}$，（$M_{0,i,k}^l$ 表示遭受第 i 个声誉事件的公司 l 在第 0 天的市场资本），$R^l = \sum_{i=1}^{I} \sum_{k=1}^{N_i^l} Y_{i,k}^l$ 表示公司 l 全部声誉损失的加总。然后采用数值模拟方法在不同假设下比较 $Y_{i,k}^l$ 式中的 CAR，测算出不同声誉损失。一是假设事件 i 下的声誉损失同质，使用平均累积的 $\overline{CAR}_i(\tau_1, \tau_2)$ 得出声誉损失；二是假设 $\overline{CAR}_i(\tau_1, \tau_2)$ 服从 logistic 分布（Fiordelisi et al.，2014），随机积分得出声誉损失；三是在假设 $\overline{CAR}_i(\tau_1, \tau_2)$ 服从 logistic 分布的基础上，同时考虑公司特征、公司危机管理、危机沟通能力等影响因素，进一步假设声誉损失发生的概率，通过调整 CAR 进行分位回归后得出声誉损失。此外，还可以引入情境分析法，根据公司特征进一步测算模型。

Cummins 等（2011）最早将研究视角从公司扩展为行业，通过观测上市公司股价的波动来检验保险公司操作（声誉）风险在保险行业内、金融行业间的溢出效应造成的损失或收益。实证结果表明，操作（声誉）事件分别对业务类型相似、迥异的公司产生显著传染（负向）、竞争（正向）效应。在实际应用中，学者普遍选择事件研究法，计算声誉事件在窗口期内给保险公司带来的异常收益作为损失，继而检验声誉事件在保险行业中的溢出效应。但是，已有研究并没有根据声誉风险的定义，从利益相关者角度直接估计声誉损失的影响，仅仅分析公司声誉和财务绩效之间的相关性。现实中，声誉事件不仅会对保险公司短期利润形成冲击，还会改变利益相关者对公司的认知，从而重创公司的长期收益。

3. 贝叶斯神经网络模型

以上为客观检验方法，Cowell、Verrall & Yoon（2007）使用主观方法评估保险欺诈损失，通过贝叶斯神经网络模型（BN）测算条件概率和风险资本配置两个步骤，评估经济资本。BN 方法的优点是依靠专家建议选取变量、建立模型、在每个节点规定先验分布和条件概率；缺点则是专家意见过于主观，不能完全符合监管要求等现实情况。

（二）构建声誉指数评价体系

国外已有多位学者探讨了如何制定公司声誉指数（详见表 2.1）。其中，最具代表性的是 Harris-Fombrun（1997），不但首创誉商（reputation quotient）的概念，而且使用六大类一级指标、20 项二级因子构建声誉指数评价体系，通过使用因子分析法（将原有指标变量降维成少数因子），从衡量公司声誉的指标中提取公因子，并借鉴与主成分分析类似的方法赋予公因子权重，根据权重计算综合评价得分，从而得出公司声誉风险指数。Lange、Lee & Dai（2011）；Clardy（2012）总结前人研究成果，一致认为度量公司声誉必须包括以下因素：①第三方评级；②供应商正、负面的反馈意见；③媒体评价（例如 Fortune's）；④消费者意见；⑤公司社会责任感（CSR score）；⑥公开透明度；⑦财务指标。但是，上述测量声誉指数的方式，还要借助媒体、调查问卷和采访等外部评级手段，其大多应用于非金融机构，比如商学院和工商企业品牌排名，而金融业的声誉指数评估需要围绕公司发展、声誉事件情境和利益相关者三个方面展开。

表 2.1　誉商指标的研究

研究者	时间	指标分类
Harris-Fombrun	1997 年	①工作环境； ②社会责任； ③客户情感诉求； ④产品和服务； ⑤公司未来和领导力； ⑥财务状况
Schwaiger	2006 年	除了上述六类，还需重视： ①对竞争者态度； ②公开透明； ③公司信用
Zboron	2006 年	①公司内控制度的透明； ②财务绩效； ③员工和公司文化； ④售后服务； ⑤监管合规； ⑥社会责任感； ⑦沟通管理
Bebbington et al.	2016 年	①财务绩效； ②经营管理； ③社会环境责任感； ④员工表现； ⑤产品质量

第三节　声誉风险的管理

对声誉危机的治理，保险行业的研究非常少。在声誉危机的化解机制上，戴维斯(1997)强调企业应该有声誉目标，通过设置声誉经理人等专门的职位进行声誉投资。公开披露信息(凯文，2006)、识别消费者特征(Daniel，2006)、情景危机沟通(Timothy，2007)等方法有助于重建声誉。Eccles(2007)进一步指出，声誉危机化解不能单凭危机公关，企业必须识别、量化和管理风险，赢得利益相关者的长期信任。

在行业声誉危机治理方面，2008年金融危机爆发以后，美国国际集团(AIG)差点破产及随后的政府救助，成为主流讨论话题，表面看来，保险业似乎是这次金融海啸的中心。对此，无论是保险学者，还是保险监管机构，对保险业在金融危机中的角色，特别是对个别保险公司(系统性重要机构)或者越过监管框架的保险创新业务是否需要实施额外监管，进行了广泛的讨论，这可以看作保险行业声誉危机治理的典范。基本结论是，作为一个整体的保险业，在这次危机中处于外围部分。尽管金融稳定委员会(FSB)坚持对保险业和银行业一视同仁，从严监管银行业、保险业系统性重要机构，但多数保险业学者认为，传统保险业务不会导致系统性风险，相反，要对特殊业务(保险创新)实施穿透性监管，对大型金融集团的组织结构和风险暴露状况要求更高的信息透明度。例如，Harrington(2004，2009，2013)认为：①如果对系统性重要机构规定提高保险保障基金要求违背市场规律，不利于保险市场的整体发展；②应该加强保险业信息披露监管，但没必要越过现有的监管框架；③由于保险公司经营的特殊性，财务危机不会在行业内相互传染，监管机构没有必要提高保险业资本充足率。此外，根据保险学界普遍共识，传统保险业务不会导致系统性风险；如果将AIG的非保险业务部门独立出去，可以防止风险向保险业务部门传递，降低破产成本(Baranoff，2012)。

保险行业声誉风险的治理需要从公司和监管两个层面进行。在公司层面，首先，声誉风险的管理重点要关注如何提高利益相关者对公司绩效的认知。事实上，预期与结果的差距可能并非来自错误的认知，而是利益相关者对公司期望膨胀(高声誉本身就是风险来源)或低估公司实际价值(Talantsev，2015)。借鉴利益相关者理论，保险公司声誉管理就是为了提高利益相关者对自身认知而采取的各种措施，具体包括：①建立公司正面形象；②提高投保人满意度和忠诚度；③改善与客户关系；④开拓新的销售渠道；⑤增加员工激励和工作成就感；⑥扩大盈利；⑦简化保单流程(Wiedmann & Buxel，2005)。Ishihara(2006)针对保险业情况提出：①加强核心业务经营；②重视品牌策略；③重视声誉风险的预警。其次，保险公司还要提高舆情应对能力。中国保监会制定的《保险公司声誉风险管理指引》中明确提出"保险公司应将声誉风险管理纳入全面风险管理体系，建立相关制度和机制，防范和识别声誉风险，应对和处置声誉事件"，具体要求保险公司：①建立声誉风险评估机制，预判重大事项舆论走向，对声誉事件分级处理；②建立完善的信息披露机制，做好公共关系和舆情管理工作；③建立与投诉处理联动的声誉风险防范机制，防止和保单持有人纠纷引发声誉风险；④建立日常舆情监测与分析制度。

在监管层面，首先，监管机构要协调监管创新业务。大型金融控股集团跨行业的业务经营导致监管空白的存在，已经引起监管机构的关注。监管机构不仅要密切关注子公司风险向集团公司的蔓延，避免造成更加严重的损失，还要对金融集团跨国、跨行业的监督工作加强合作(IAIS，2012)。2017年，我国金融工作会议再次提及穿透式监管、行为监管和功能监管①，究其根源，在于分业监管体制下不同类型金融机构开展业务的行为规则和监管目标不一致，所以要转变监管理念，按业务属性确定行为规则和监管主体，强化监管的统筹协调，构建宏观审慎的监管框架。其次，监管机构要重视行业声誉危机的治理。Eling & Pankoke(2014)整理了保险业系统性风险的相关文献，认为开展传统的

---

① 上述内容出自 2017 年 7 月 14、15 日的第五次《金融工作会议通稿》。

寿险、财产保险、再保险业务既不会增加系统性风险，也不会使保险公司面对金融系统的损害时更加脆弱。相反，承保非传统业务（如信用违约互换保险）会增加脆弱性，而寿险公司因为较高的杠杆率会比非寿险公司承担更多风险。

第四节　现有研究文献评述

声誉是企业的无形资产，也是保险公司风险管理的重要内容。声誉危机的起因、形成和发展是一个极其复杂的过程。具体原因涉及产品质量与安全、虚假宣传、行业潜规则、产品技术创新、公司治理等。一些研究分析了保险行业声誉较差的原因，提出了相应的解决方法，如Myung（2003），Stewart（2006），王国军（2004），锁凌燕（2008），祝伟、黄薇（2013），崔亚、谢志刚（2014），Gatzert（2016），等等。

关于声誉的研究主要遵循 Kreps & Wilson（1982）提出的标准声誉模型，声誉危机的发生涉及传播学、产业组织学等学科。但是，现有文献很少涉及保险公司声誉风险的案例研究，也缺少对声誉共同体（比如监管机构、保险公司、保险中介等）相互影响造成集体声誉损失以及保险业声誉风险治理的研究。基于此，本书以前海人寿引发的声誉事件进行案例研究，分析声誉危机的成因、影响和治理，探讨保险公司、保险行业如何有效治理声誉风险。

在保险公司层面，欧盟偿付能力 II 监管体系中，认为"声誉风险是由于公众对保险公司及其经营活动的负面评价，而对保险人信任损失的风险。保险公司声誉风险可能由内部风险引起，对公司信任的损失涉及各种利益相关方，包括潜在或现有的投保人、投资人或监管者"。在巴塞尔协议 II 中，将声誉风险定义为"来自客户、股东、投资人、债权人、市场分析师等相关方或监管部门的负面评价，造成银行难以建立新的或继续维持现有商业关系、获得资金渠道的风险"，要求银行识别造成声誉风险的潜在来源，包括银行业务、责任、联合业务、表外业务及业务的所在市场。部分学者将声誉风险认定为一种可以影响公司绩效的投机风险，正面的声誉事件有助于公司利润超过平均利润，反之亦然（Caruana，1997；Robert & Dowling，2002；Schwaiger，2004；Gardberg，2006）。张琳（2016）认为，保险公司的声誉风险是一种衍生风险，任何内部管理问题或者外部事件冲击都可能造成声誉风险事件。

在保险行业层面，崔亚、谢志刚（2014）指出，保险业声誉风险是以保险业（保险公司、保监会、保险行业协会、保险中介等）为参照系统，由外因与内因的相互作用所导致的行业声誉严重偏离行业预期（声誉）目标的一个动态过程，即保险行业声誉风险是"保险业系统性风险"的一个风险子类。吕卓（2015）将保险行业声誉风险定义为由于保险行为主体（全体保险公司）的内部管理或外部事件等原因造成公众对保险行业产生负面评价，产生损失的可能性，认为保险行业的声誉风险具有复杂性、非独立性和外溢性的特征。

长期以来，国内外已经有大量学者在不同学科、不同领域对声誉及声誉风险进行界定，本书主要从金融风险管理的视角出发，对有关保险业声誉风险形成与传导机制的文献进行梳理和总结。

许多研究机构和学者对公司声誉理论进行了重要而有效的研究，但还有以下问题。①传统声誉理论研究主要是围绕对单个行为主体声誉的建立和维持，以及对组织如何建立声誉（企业声誉）的分析讨论而发展起来的，未考虑行业声誉的问题。基于保险业区别于一般行业的特性，研究保险市场声誉风险的内涵和形成演变规律，将其纳入系统性风险的研究范畴，是更重要的问题。②目前声誉风险研究重点集中在微观层面公司声誉风险的防范和管理，对保险行业声誉风险的度量、评价研究还很粗糙。③探索保险公司微观声誉风险管理和宏观声誉风险监管相结合的制度机制，是保险公司声誉风险管理的自然延伸和必然要求，也是声誉风险管理的关键防线，目前没有见到对该问题的研究。

以上文献大多是实证研究，主要关注涉事公司在声誉事件后的直接反应、竞争对手的直接或者间接反应，分析声誉风险的溢出效应，借以评价声誉机制的有效性。但声誉事件的发生，有内因，有外因，有声誉事件触发点，不仅仅涉及直接责任公司，还包括其他一些声誉共同体，比如监管机构、业内同行、保险中介机构等，这些声誉共同体之间相互影响，最终影响声誉事件的走向。因此，我们以"险资举牌"事件为基础进行案例研究，采用动态的视角观察问题，分析声誉事件的形成、演变和经济后果，探讨保险行业声誉机制的作用机理，解释错综复杂的现实。

为弥补以上不足，本书站在全行业的高度，将保险市场声誉看作一个整体，在分析保险市场声誉风险的形成机制的基础上，对声誉风险进行度量，建立保险市场声誉风险的防范与化解机制框架，这无论是对系统性风险理论的拓展，还是对声誉理论的新阐述，都有较大的学术价值。本书厘清行业声誉风险的形成机制，建立度量保险行业声誉风险的科学方法，为保险业声誉风险的有效管理和防范提供一定的借鉴；通过设计针对保险市场声誉风险的政府监管和市场解决方案，引导保险业声誉风险预警与化解机制的实践。

第三章 保险行业声誉风险的
形成与传导机制

第一节 声誉风险的界定

一、声誉

关于声誉的定义，经济学领域里 Kreps & Wilson(1982)提出的标准声誉模型(KPMW)是关于声誉、声誉机制最著名的理论，其他学科也有类似研究，具体对声誉的认知角度，详见表3.1。还有一些研究侧重对声誉和其他概念(公司身份或公司形象)的辨析，比如 Clardy(2010)概括声誉为公众或特定群体对公司的信念与判断；Lange 等(2011)进一步提出构成声誉的三个要素，即公众对公司的"一般了解""特殊认知"和"强烈认同感"；Formbrun(2012)将声誉定义为"特定利益相关者对公司的全部评价，这种评价可以帮助公司在竞争资源时脱颖而出"，这是关于声誉的最新观点。

表3.1 不同学科对声誉的定义

学科	声 誉	来 源
经济学	特征或信号	公司或外部观察者
战略学	资产或移动障碍	公司唯一的内部特征

学科	声　　誉	来　　源
市场学	对产品的认知和情感	对外界事物信息生成过程中所产生的画面
组织学	组织文化和特征对公司的商业活动、经理层和股东关系的塑造	雇员的感知生成经历
社会学	公司权威的加权评估，公司、行业在社会体系中的分层	公司和利益相关方的关系组成的社会结构
会计学	无形资产的价值	对品牌、培训和研发的投资所形成的无形资产

注：资料来源于 Gatzert et al.（2016）。

二、保险公司声誉风险

(一)组织声誉风险

声誉风险，即声誉损失的不确定性(Schanz，2006)。根据传统风险理论，构成声誉风险的要素包括声誉暴露、声誉损失因子和声誉危害(Gatzert et al.，2016)。多数研究从负面角度考虑声誉风险，认为公司(组织)只会因为声誉降低遭受财务损失，忽略声誉风险的正向结果。但也有一些学者将声誉风险认定为一种可以影响公司绩效的投机风险，正面的声誉事件有助于公司利润超过平均利润，反之亦然(Caruana，1997；Robert & Dowling，2002；Schwaiger，2004；Gardberg，2006)。

(二)保险公司声誉风险

金融监管部门主要是根据利益相关者理论对声誉风险进行界定的。所谓利益相关者理论，是指与传统的股东至上主义相比较的一种管理模式或者概念，即任何一家公司的发展都离不开各利益相关者的投入或参与，企业追求的应是利益相关者的整体利益，而不仅仅是某些主体的利益，或是股东利益最大化，因此企业发展中要注意平衡各个利益相关者的利益要求。金融机构的利益相关者众多，这使得利益相关者理论在金融研究领域得到了广泛的应用，加之金融系统的脆弱性，使得金融机构需要在危机时承担更多利益相关者的社会责任。

保险公司又不同于一般金融机构，股东和债务人（保单持有人）之间存在严重的道德风险问题：股东对剩余价值享有优先索取权，不惜冒险（赌博）也要追求自身利益最大化，这会造成对其他利益相关者的绝对侵害。所以，保险公司的特殊性决定了投保人在保险公司的众多利益相关者中居于重要地位，我国《保险法》、监管机构也都明确提出，要把保护保单持有人利益放在第一位，而相比于一般生产企业，保单持有人更重视保险公司的稳健经营。除了保单持有人外，保险公司的利益相关者还包括股东、公司员工、保险代理人、受保险公司委托的律师、会计师事务所以及监管机构，具体如图 3.1 所示。

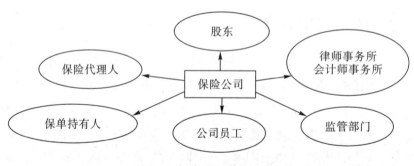

图 3.1　保险公司利益相关者

巴塞尔委员会（2009）将声誉风险定义为"来自客户、股东、投资人、债权人、市场分析师等相关方或监管部门的负面评价，造成银行难以建立新的或继续维持现有商业关系、获得资金渠道的风险"，要求银行识别造成声誉风险的潜在来源，包括银行业务、责任、联合业务、表外业务及业务的所在市场。欧洲保险和职业养老金管理局（EIOPA）、欧洲保险委员会(CEA)认为，声誉风险是"由于公众对保险公司及其经营活动的负面评价，而对保险人信任损失的风险。保险公司声誉风险可能由内部风险引起，对公司信任的损失涉及各种利益相关方，包括潜在或现有的投保人、投资人或监管者"。中国保监会定义声誉风险为"由保险公司的经营管理或外部事件等原因导致利益相关方对保险公司负面评价，从而造成损失的风险"[①]。

张琳、徐建硕(2015)认为，保险公司的声誉风险是一种衍生风险。在企业内部，声誉风险是综合性的风险，承保风险、市场风险、信用风险、操作风险等均可能导致声誉风险，当其中一种或几种风险超过阈值，并通过内外部审计和监管部门合规检查等被披露，就可能引起声誉风险；在企业外部，声誉风险是保险公司由于销售误导、虚假宣传等引起与保险消费者的纠纷，涉及群体性司法性事件，或者遭受恶意诋毁等，后续处置不当引发媒体关注造成严重负面影响。

本书综合考虑学者、组织、监管机构等前人研究的成果，认为保险公司声誉风险的界定应使用利益相关者理论，采用中国保监会对保险公司声誉风险的界定。

三、保险行业声誉风险

行业声誉可以从集体声誉角度理解(Tirole，1996；Winfree & McCluskey，2005；Levine，2013)：公司声誉的加总构成行业声誉，新加入成员的声誉会受行业中已有成员的声誉事件影响，即使声誉危机结束，行业声誉也不会立刻发生改变。

Csiszar & Heidrich(2006)认为，投保人对保险行业的总体认知构成行业声誉。关于个体成员对行业声誉的作用和影响，在保险业危机爆发时最能体现，比如 Katrina 飓风和美国 9·11 恐怖事件中各家保险公司

[①]　中国保监会关于印发《保险公司声誉风险管理指引》的通知(保监发〔2014〕15号)。

处理赔付纠纷的态度。关于保险业声誉风险的定义，我国学者崔亚、谢志刚（2014）指出，保险业声誉风险是以保险业（保险公司、保监会、保险行业协会、保险中介等）为参照系统，由外因与内因的相互作用所导致的行业声誉严重偏离行业预期（声誉）目标的一个动态过程，即保险行业声誉风险是"保险业系统性风险"的一个风险子类。吕卓（2015）将保险行业声誉风险定义为由于保险行为主体（全体保险公司）的内部管理或外部事件等原因造成公众对保险行业产生负面评价、产生损失的可能性，认为保险行业的声誉风险具有复杂性、非独立性和外溢性的特征。

综上所述，声誉风险的定义和声誉密不可分，作为衍生风险的声誉风险大多由操作事件引起，对公司财务状况影响显著。现实界定中，欧盟议会和理事会（European Parliament and Council，2009）早就将声誉风险列在操作风险的范围之外单独考虑。金融行业尤为重视声誉风险的管理，因为银行、保险公司必须依靠良好的信用才能维持正常经营活动，所以监管部门将关注的焦点放在利益相关者对金融机构的认知、信念和忠诚度上。然而，很少有研究涉及行业声誉风险，特别是保险行业声誉风险，相关概念并没有统一标准。

基于此，本书倾向于从利益相关者视角考虑声誉事件给保险行业带来的损失可能，声誉风险属于衍生风险（risk of risks），具有信息外部性，会在保险业内产生溢出效应，评估损失时不能仅仅关注会计报表内的账面损失，需要考虑所有保险公司、甚至监管机构的声誉降低可能给行业带来的风险。

第二节　声誉风险的形成机制

一、声誉风险的成因

声誉事件是指引发声誉风险，导致出现对保险公司不利舆情的相关行为或事件。具体分析保险行业的声誉事件，我们发现，这些事件主要来自保险公司经营活动、保单持有人对保险公司的认知偏差、政策法规和社会经济环境的变化等。

(一)公司经营活动

保险业声誉事件除了常见的保险欺诈、销售误导等经营不规范行为，还包括保险业规模急速扩张和经营业务创新所引发的负面影响。经营不规范，主要表现在代理人展业过程中为促成保单签约，虚假宣传夸大产品功能；在索赔过程中，核保核赔时间过长，保险公司"惜赔"现象存在(锁凌燕，2005)。Ishihara(2006)提出，规模扩张和保险业务创新的本意是超越传统保险业务只能补偿损失的局限，丰富保险产品功能，开拓经营领域。但现实经营结果未必尽如人意，比如 AIG 的次级贷业务，在金融海啸中对保险业的声誉造成了重创(Bobtcheff et al.，2016)，详见表 3.2。

表 3.2　保险公司非传统业务导致声誉事件

时间	公司	失败原因
2008 年以前	Independent Insurance Company	管理不当
	Limited Europavie	保证利率连接保单
	日本寿险公司	高利率连接寿险保单
	公平保险	保证利率年金
	GAN	管理不当
	HIH	再保险滥用
2008 年以后	Ethias	长期养老金计划
	The Hartford	保证收益年金
	Lincoln National Corporation	和房地产相关的证券化
	Aegon	美国市场风险
	AIG	银行业务
	ING	银行业务

注：资料来源于 Bobtcheff et al. (2016)整理。

(二)投保人认知偏差

锁凌燕(2005)认为,保单持有人对保险的认知误区主要体现在:①对保险合同的理解存在偏差,混淆商业保险和社会保险的职能;②消费者通过和国外保险业对比,盲目高估或低估我国保险业的职能,即投保人的判断受认知过程的影响,可能发生扭曲。受文化习俗影响,我国公众普遍缺乏保险意识,对保险和政府救助、社会保障存在严重认知偏差和混淆,造成保险消费纠纷频发,人们对保险公司、保险产品的总体评价严重低于我国台湾、香港等地区。

(三)政策法规的变化

潜在的声誉损失可能源自监管规定的改变,或者法律条文、会计准则的修改,从而对保险人经营活动造成显著影响(Csiszar & Heidrich, 2006)。我国2016年起正式实行以风险为导向的"偿二代"监管框架,框架确立了定量要求、定性要求和市场约束机制的"三支柱"监管体系。"偿二代"相比"偿一代"对保险公司的认可资本、最低资本的标准都发生了重大变化,从而会影响股东、保单持有人等利益相关者对保险公司财务稳健度的信任,引发声誉风险。

(四)经济社会环境的影响

经济社会环境的变化则可以参考美国9·11事件后,保险公司的处理方式和外界对保险行业的认可程度(Csiszar & Heidrich, 2006)。9·11暴恐袭击被小布什总统和国会明确定性为战争,而战争属于除外责任是保险业的共识,保险公司按照常规根本不需要承担相应的损失赔偿。即使专家学者一致认为暴恐风险不可保,保险业为了维护行业声誉,维护客户忠诚度,依然承担了巨大的社会责任,最终对遇难者的赔付总计超过402亿美元。

二、保险公司声誉的相互影响

根据集体声誉理论，售卖同质产品的公司享有集体（共同）声誉，而所有公司产品质量的总和决定了行业集体声誉的高低（Winfree & McCluskey，2003）。Tirole（1996）指出，行业声誉是个体公司声誉的加总，消费者会以行业过往的集体声誉作为参考，判断个体公司的现有经营行为。本书根据上述理论构建保险行业声誉模型，分析保险行业集体声誉的动态均衡过程，即个体保险公司声誉风险溢出如何影响行业集体声誉的均衡点。

首先，假定行业中存在 N 家产品同质的保险公司，每家公司都是风险中性的，以利润最大化作为经营目标。保单的定价取决于行业集体声誉，保单成本是保单数量和保单质量的函数。集体声誉符合行业过去声誉和当前保单质量的马尔科夫过程。

其次，假设每家保险公司在每期出售一单位保单，公司选择服务质量（q_i）来最大化利润，如：

$$\max_{q_i \geqslant 0} \int_0^\infty e^{-rt} \left[p(R) - c(q_i) \right] \mathrm{d}t, \ i = 1, \cdots, N \tag{3.1}$$

式（3.1）取决于式（3.2），

$$\dot{R} = \sum_i^N \left(\frac{q_i}{N} \right) - R; \ R(0) = R_0 > 0 \tag{3.2}$$

其中，R 代表集体声誉，q_i 表示每家公司的服务质量。保单价格和保单成本分别用 p 和 c 表示。

依据 Hamiltonian 函数，得出每家公司的现值为：

$$\tilde{H}_i = \left[p(R) - c(q_i) \right] + \lambda_i \left[\sum_{i=1}^N \left(\frac{q_i}{N} \right) - R \right] = \tilde{L}_i + \lambda_i f \tag{3.3}$$

其中 λ 代表折现因子，将式（3.3）进行一阶求导，得出：

$$\tilde{H}_{q_i} = -c'(q_i) + \frac{\lambda_i}{N} \tag{3.4.a}$$

$$\tilde{H}_R = p'(R) - \lambda_i \qquad (3.4.\,b)$$

$$\tilde{H}_{\lambda_i} = \sum_{i=1}^{N} \left(\frac{q_i}{N} \right) - R \qquad (3.4.\,c)$$

为方便处理，假设每家公司的保单服务基本同质，$q_i = q$，继续对微分方程求解得，

$$\dot{R} = q - R \qquad (3.5)$$

$$\dot{q} = \frac{(1 + r)c'(q)N - p'(R)}{Nc''(q)} \qquad (3.6)$$

假设 $\dot{R}$ 和 $\dot{q}$ 均为 0，就此求出等值线：

$$R = q \qquad (3.7)$$

$$p'(R) = (1 + r)c'(q)N \qquad (3.8)$$

继续假设保单价格函数和成本函数分别为 α、β，且 α、β 均大于 0：

$$p(R) = \alpha \ln(R) \qquad (3.9)$$

$$c(q_i) = \beta e^{q_i} \qquad (3.10)$$

结合式(3.6)，求解得，

$$\dot{q} = \frac{(1 + r)N\beta q e^{q} - \dfrac{\alpha}{R}}{N\beta(q^{2}e^{q} + e^{q})} \qquad (3.11)$$

$$\frac{\mathrm{d}q}{\mathrm{d}N} = \frac{-\alpha}{N^{2}(1 + r)\beta(2q e^{q} + q^{3}e^{q})} \qquad (3.12)$$

显然，式(3.12)为负值(文中参数均设为正值)。这表明，随着行业中公司数量的增加，公司服务质量越来越低。由于保险公司"搭便车"行为存在，行业无法最大化其价值。由于 Jacobian 矩阵的行列式为负，微分方程的结果显示为马鞍形均衡点，图 3.2 勾勒出了保险行业声誉的动态均衡点，即随着公司家数的增加，总体声誉逐渐降低，均衡点持续向左下方移动(R_{m*}，R_d 和 R_t 分别代表行业中存在一家、两家和三家公司时，行业集体声誉的均衡值)。

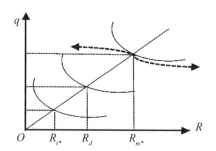

图 3.2　保险行业声誉的动态均衡过程

由于我国文化习俗、保险意识和欧美国家存在显著差异，保险行业的集体声誉一直偏低，并呈现出动态波动过程（声誉风险）。投保人在某次购买保单的过程中遭遇过不愉快的经历，比如销售误导或理赔不及时，都会降低未来购买保险产品的意愿，降低对保险行业总体评价。某一家保险公司发生重大声誉事件受到监管机构处罚，也会降低潜在投保人对行业的总体评价，转为银行理财等其他投资方式。换句话说，保险公司的声誉风险具有传染效应，一家公司声誉降低，势必会传导至整个保险行业，从而产生行业声誉风险。

声誉风险的传染性表现为保险行业声誉的定势效应和磁场效应，即行业声誉降低，无法吸引潜在投保人，行业中高水平的雇员纷纷逃离，未来发展的潜力完全丧失。本书结论说明，保险行业必须制订最低的经营标准，积极维护自身声誉，防止低声誉公司"搭便车"，损害高声誉公司和行业集体声誉。

三、监管者声誉触发行业风险

关于金融风险传染效应的研究多针对银行，认为银行间相互持有关联性资产，银行间同业拆借是引发银行业风险传染的主因，然而忽视了统一监管体系也是危机传染的渠道之一。Morrison & White（2013）认为，金融行业在共同监管的体系下，如果发生重大声誉事件，存款（保单）持有人就会降低对监管机构的信任度，从而导致风险传染至整个行业。基于以上研究，本书使用两期模型分析监管者声誉触发保险行业声誉风险的可能。

首先，假设市场上只存在风险中性的保险人和投保人；其次，时期一从 time0 到 time1，时期二从 time1 开始，time2 结束。每个投保人可以在每个时期购买 1 单位的保单，或者投资于收益率为 r 的无风险债券。

我们假设保险公司分为两种：稳健型和激进型。作为简化处理，保险人在模型中没有自有资本，如果经营顺利，它们可以获利 R 单位收益，失败则为 0。稳健型保险人会比激进型保险人投入更多的审慎成本，审慎成本的增加有利于经营顺利，而市场中稳健型保险人的数量随监管环境（监管者声誉）发生变化。

假设保险人在不投入审慎成本 C 的情况下，经营顺利的概率为 p_L；投入审慎成本 C，经营顺利的概率为 p_H，$p_H = p_L + \Delta p$。投入审慎成本的情况无法被外界观测。

保险人和投保人签订保险合同，如果保险公司经营获利，投保人获得的保证收益率为 $R - Q$；若保险公司经营失败，得到的收益为 0。在这种情况下，保险人经营顺利即可获得手续费 Q，经营失败则为 0。我们假设：

$$R_{pH} > r > R_{pL} \tag{3.13}$$

因此，和无风险债券相比，投保人更倾向于购买一份保证利率型保单。

然后，我们在模型中引入监管机构。第一，监管机构的可以根据监管能力（法规条例、评估报告、处罚）颁发保险牌照，区分稳健型和激进型的保险人。第二，监管机构的目标是最大化社会整体福利（以期望效用进行衡量）。如果监管机构的监管措施完美，那么保险业获得的收益肯定超过无风险债券的产出。在社会福利最优化的情况下，投保人必然选择把资金全部用于购买保单；反之，潜在投保人选择全部购买无风险债券，保险业无法创造任何社会价值。

假设时期一，监管机构颁发保险牌照，insurer1 在 $time0$ 获得牌照，吸收保险资金并投资，在 $time1$ 对投保人进行赔付并结束经营；与之相似，insurer2 在时期二经营。

监管机构的监管能力决定了市场中稳健型、激进型保险公司的比例（α）。监管机构分为监管声誉好（good）和坏（bad）两类，如果保险人稳健，它被好的（good）监管机构颁发牌照的概率为 ϕ，$\phi > 1/2$，而坏的（bad）监管机构颁发稳健型、激进型公司的牌照概率均为 $1/2$。显然，监管机构在 $time0$ 无法判断保险人是否投入审慎成本，所以，给定稳健型保险人的概率为 α，α 大小则取决于监管机构的声誉。

如果监管机构声誉是坏的（bad），投保人获得的收益为：

$$(R - Q)\left(p_L + \frac{1}{2} \times \Delta p\right) \tag{3.14}$$

如果投保人获得的收益小于 r，那么投保人不会购买保单：

$$\frac{1}{2} < \frac{r - R_{p_L}}{R_{\Delta p}} \tag{3.15}$$

监管机构的声誉情况会随 insurer1 的经营情况而变，而潜在投保人对 insurer2 的态度也可以反映监管机构的监管水平（声誉情况）。如果 insurer1 在时期一经营失败，声誉风险就会产生动态传染效应，投保人在时期二对保险行业失去信任，insurer2 无法维持经营，从而触发保险行业声誉风险。

对于保险公司而言，只有当其回报 $Q(p_L + \Delta p) - C$ 超过 Qp_L 时，它才愿意付出审慎成本。根据推算，保险人愿意付出审慎成本的约束如：

$$Q \geqslant \frac{C}{\Delta p} \tag{3.16}$$

上述过程，我们用博弈树（如图 3.3）表示。

本书用 S_i（顺利）和 F_i（失败）表示各个节点发生的概率（$i = 1, 2, 3, 4$），例如 $S_1 = \alpha\phi p_H$，$F_4 = (1 - \alpha)\frac{1}{2}(1 - p_L)$。在时期一，保险人是稳健型的概率为 $\alpha\phi + \frac{1}{2}(1-\alpha)$。通过推导，得出投保人和监管机构的

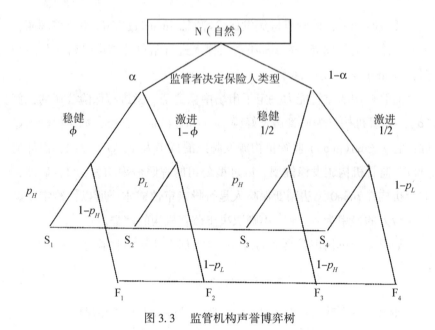

图 3.3　监管机构声誉博弈树

效用：

$$U_{i(\alpha)} = (R - Q)\left(\frac{1}{2}(p_L + p_H) + \alpha\left(\phi - \frac{1}{2}\right)\Delta p\right) \qquad (3.17)$$

$$U_{R(\alpha)} = \frac{1}{2}(R(p_L + p_H) - C) + \alpha\left(\phi - \frac{1}{2}\right)(R\Delta p - C) \qquad (3.18)$$

根据式(3.17)和式(3.18)，得出引理1：当 $U_{i(\alpha)} < U_{R(\alpha)}$ 时，$U_{i(\alpha)}$ 和 $U_{R(\alpha)}$ 随 α 单调递增。

当 $\alpha = 1$ 时，保单享有完全吸引力；当 $\alpha = 0$ 时，保单失去作用，即

$$U_{R(0)} < r < U_{i(1)} \qquad (3.19)$$

此外，当 $\alpha = 0$ 和 $\alpha = 1$ 时，保单收益和无风险债券收益 r 还需要满足如下条件：

$$\frac{1}{2}(R(p_L + p_H) - C) < r \qquad (3.20)$$

$$(R - Q)(p_L + \phi\Delta p) > r \qquad (3.21)$$

同理，推算出保单管理费 Q 和审慎成本 C 满足如下条件：

$$Q < \frac{R\Delta p\left(\phi - \dfrac{1}{2}\right) - \dfrac{1}{2}C}{p_L + \phi\Delta p} \tag{3.22}$$

$$C < \frac{R\Delta p^2\left(\phi - \dfrac{1}{2}\right)}{p_L + \Delta p\left(\phi - \dfrac{1}{2}\right)} \tag{3.23}$$

如图 3.4 所示，投保人和监管者的效用是 α 的函数，$U_{i(\alpha)}$ 和 $U_{R(\alpha)}$ 随 α 的变动单调递增。当 $\alpha = b_i$ 时，$U_{i(\alpha)} = r$，此时投保人对保单和无风险债券的偏好无差异；当 $\alpha = b_R$ 时，$U_{R(\alpha)} = r$，此时监管机构对保单和无风险债券的偏好无差异，即监管机构对保险公司是否经营没有明显偏好。

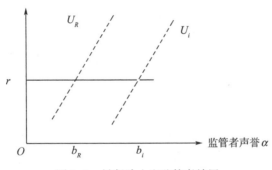

图 3.4　被保险人和监管者效用

显然，当 $b_R < \alpha < b_i$ 时，由于 $R - Q < R$，投保人没有购买保单的倾向，故保险公司没有存在的意义。

接下来，我们考虑 $\alpha > b_i$ 的情况：在时期一保险行业正常运转；而监管者在时期一的声誉会影响投保人在时期二选择购买保单还是无风险债券。即投保人可以根据保险公司在时期一的经营情况，判断出监管者类型(声誉好或坏)，从而导致保险行业声誉风险从时期一到时期二动态传染效应。

监管机构颁发牌照时，稳健型保险人的概率 α 由监管机构声誉决定。一旦保险人经营失败，事后概率 $\alpha_F(\alpha)$ 可由式(3.24)推算，即为引理2：

$$\alpha_F(\alpha) = \frac{\alpha\phi(1-p_H) + \alpha(1-\phi)(1-p_L)}{\alpha\phi(1-p_H) + \alpha(1-\phi)(1-p_L) + (1-\alpha)\left(1-\frac{1}{2}(p_L+p_H)\right)}$$

$$(3.24)$$

显然，如果 $\alpha_F(\alpha) < b_i$，保险人在时期一经营失败，就会导致保险业在时期二发生声誉危机。这种危机不同于以往研究，与投保人对保险公司性质的认知无关，而是源自投保人对监管机构的不信任，即监管机构的声誉风险引致保险行业声誉风险。

本书用 t_F 表示监管机构的声誉门槛值，即时期一保险公司经营失败，会引致时期二保险行业停止经营的 α，推导得出：

$$t_F = \frac{b_i\left(1-\frac{1}{2}(p_{L+}p_H)\right)}{b_i\left(1-\frac{1}{2}(p_{L+}p_H)\right) + (1-b_i)(\phi(1-p_H) + (1-\phi)(1-p_L))}$$

$$(3.25)$$

如果监管机构的声誉 $bi < \alpha < t_F$，那么保险公司在时期一经营失败就会产生传染效应，保险公司在时期二连锁倒闭；如果 $\alpha_F(\alpha) > b_R$，这种传染效应会产生巨大的社会损失(如图3.5所示)。经过推算，得出 $\alpha_F(t_F) = b_i$。

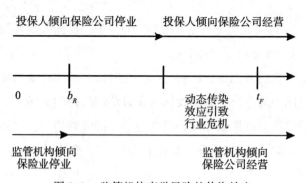

图3.5　监管机构声誉风险的传染效应

如图 3.5 所示，监管者的公信力（声誉）决定着保险行业的运行情况，而外界对监管者声誉的判断取决于 α。一旦 α 非常低，甚至低于 b_R 时，不管是监管者还是投保人都不认为保险公司的存在可以创造社会价值。如果 α 非常高，高于 b_i 时，投保人就会倾向于购买保单，保险公司的存在创造社会价值。

而当 $b_R < \alpha < b_i$ 时，虽然保险公司的存在还具有社会意义，但是投保人无法内部化其最优价值，不会倾向于购买购买保单。

当 $b_i < \alpha < t_F$ 时，保险公司在时期一经营，激进型公司一旦出现问题，监管部门的声誉就会降低，继而影响下一期保险行业的存续，或者说，这就是监管者声誉风险的动态传染效应，甚至会触发保险行业声誉风险。

2016 年末，证监会主席发表"野蛮人"讲话后，经过媒体的负面渲染，外界公众不仅对保险公司的评价大幅降低，而且对监管机构的公信力存疑，特别是 2017 年 4 月原保监会主席项某被调查，2018 年保险保障基金对安邦保险注资 609 亿元后，外界对保险行业集体声誉的负评价持续发酵。而在这种情况下，即使保险行业的基本面没有重大变化，声誉风险也存在演变成保险业系统性风险的可能。所以，不同于前人研究，本书认为保险监管机构（保险行业重要的利益相关者）声誉的降低，不但需要作为保险行业声誉风险加以考虑，还要考虑其可能引致行业系统性风险的后果。

第三节　保险行业声誉风险的传导机制

一、声誉风险的传导

简而言之，保险行业声誉风险的形成传导机制，如图 3.6 所示，声誉事件发生后，媒体报道会影响利益相关者对保险公司、保险行业的认知，由此产生声誉损失，甚至触发保险业系统性风险。保险业声誉共同体需要雇用公关公司引导舆论，努力将声誉损失降到最低（Gatzert et al.，2016）。随着信息传播在互联网时代不断加速，媒体为迎合受众需要，故意夸大、渲染声誉事件的危害性，以追求报道的爆炸性、轰动性效应而引起广泛社会关注，这种现象会在短期给行业带来无法恢复的损失（熊艳等，2011），成为行业声誉风险治理的难点。

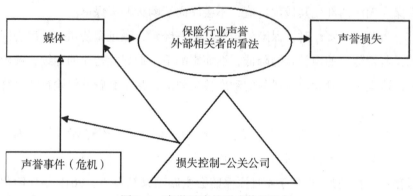

图 3.6　声誉风险的形成传导机制

二、可能触发系统性风险

声誉风险属于难以量化的聚合风险，常常和定价风险、流动性风险、信用风险甚至政治风险相互作用，即使是个别保险人不合规的经营活动（如过度运用财务再保险①），也会使风险在保险业内蔓延，演变成保险行业危机，即保险业系统性风险（Zboron，2006；卓志、朱衡，2017）。对保险公司而言，声誉风险产生的损失表现为：在公司运营上，声誉下降会导致人力成本上升，产品销售难度加大，甚至导致机构评级降低，融资成本上升；对保险行业而言，偿付能力不足等严重声誉

---

① 2001 年澳大利亚 HHI 保险公司、2003 年美国相互保险公司都因为财务再保险滥用而破产。

事件将导致现有被保险人退保、潜在投保人流失，引发市场大幅波动，行业无法维系，甚至导致金融系统性风险，影响经济秩序稳定。

戴稳胜(2004)提到，20世纪美国、日本一些寿险公司销售万能险等保证利率过高的产品，一味追求规模扩张，忽视资金运用可能面临的风险，经济环境突然逆转后，保险公司资产负债严重失衡，导致保险业爆发严重的经营危机，公众对保险业信心恶化，破坏保险业系统稳健性。基于此，我们将声誉风险传导，甚至触发保险行业系统性风险的机制用图3.7表示。

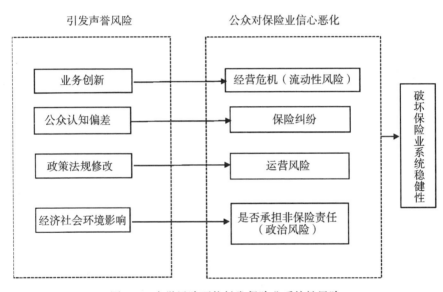

图3.7　声誉风险可能触发保险业系统性风险

第四节　本章小结

第一，本书在前人研究的基础上，明确界定了保险公司声誉风险和保险行业声誉风险的定义：由于保险公司的经营管理或外部事件等原因，造成利益相关者对保险公司(行业)负面评价，从而造成损失的风险。

第二，本书认为引发保险公司声誉风险的原因主要包括四个方面：保险公司经营活动、保单持有人对保险公司的认知偏差、政策法规和社会经济环境的变化。

第三，本书根据 2013—2016 年保险行业声誉危机的背景，试图从一般均衡理论和博弈论的经济学体系下，研究保险公司声誉风险和保险行业声誉风险的形成传导机制，研究发现保险行业的集体声誉随着公司数目的增加而下降，行业声誉最终由低声誉公司决定。此外，监管者声誉低，也会导致潜在投保人对行业评价降低，从而引发行业风险。

第四章 保险公司声誉指数的度量

——以寿险公司为例

2013—2016 年我国保险业实现跨越式发展，年均增长率保持超过两位数。2016 年 Swiss Re 在 Sigma 报告中称"中国保险业已经成为促进世界保险业发展的引擎"。然而，2016 年 12 月 3 日证监会主席在公开讲话中批评其为"野蛮人""妖精"，被媒体解读为保险资金频频举牌，与上市公司争夺经营控制权的行为，引发保险公司的声誉风险。根据"偿二代"的三支柱监管规定，第二支柱主要对难以量化的风险（包括操作风险、战略风险、声誉风险和流动性风险）进行定性评价，从而对保险公司总体的偿付能力风险水平进行全面评价。

本章以此背景为出发点，尝试从静态视角对寿险公司的声誉风险进行量化分析，评估寿险公司声誉指数，指标不仅包括公司内部经营数据，还包括外部宏观环境的变化对公司声誉总体水平的影响；评估保险公司声誉的历史数据，包括舆情状况、潜在风险因素；评估可能导致寿险公司声誉变化的外部因素。还从利益相关者角度出发，在指标中融入了外部评级、合作伙伴和不可抗力等因素。

寿险公司作为一种金融机构，业务覆盖范围非常广，其中寿险业务主要包括个人寿险、投连万能险和健康意外险，以及团体寿险、投连万能险和健康意外险等。具体到声誉风险的度量，本章主要基于公开可得信息，利用统计方法和量化标准进行评价，也可以说这是公众（潜在保单持有人）对寿险公司声誉或者公司突发声誉事件后的综合评价。此外，监管部门可以根据寿险公司声誉风险的情况制定相应的评级，及时针对寿险公司舆情状况做出相关政策调整。

第一节　评价指标的设定

一、保险公司声誉指标的选取

(一)非金融机构的声誉指标

关于非保险公司声誉指数的设计，国外已经有了比较成熟的体系，Harris-Fombrun 基于利益相关者理论，提出声誉的定量分析模型，还将声誉指数设定为六大类一级指标和 20 项二级指标。通过对这些指标打分，从而对工商企业的声誉情况进行评估和比较(见表 4.1)。

表 4.1　Harris-Fombrun 声誉指数指标体系

一级指标	二级指标
①工作环境方面	工作环境组织有序； 工作环境优越； 员工有竞争力
②社会责任方面	支持公益事业； 对环境负责； 对人们友善
③情感诉求方面	对公司有好感； 认可并尊重公司； 认定公司可信任
④产品和服务方面	支持公司产品和服务的运作； 能提供高质量的产品和服务； 对产品和服务不断创新； 能提供有价值的产品和服务

一级指标	二级指标
⑤公司愿景和领导力方面	有优秀的领导层； 对未来有清晰的发展愿景； 能发现并利用市场机会
⑥财务状况方面	有较强的盈利能力； 公司的投资风险较低； 对未来的扩张欲望强烈； 总试图超越竞争对手

(二)保险公司声誉指标

本书在 Harris-Fombrun 编制的声誉指数基础上，结合保险公司经营的特殊性，专门设计了保险公司声誉指标。具体有如下原则。

1. 全面性原则

首先，声誉风险本身就是一种衍生风险。不同于普通的制造业公司或者其他金融机构，评估保险公司的声誉风险需要考虑其他风险指标，比如承保风险、投资风险、流动性风险以及资产负债匹配风险和偿付能力风险等。因此，各项指标涵盖寿险公司人员素质、产品开发、风险管理、财务稳健、资金运用等，全方位地包含各项经营要求。

2. 针对性原则

其次，针对近年来发生的保险公司声誉事件和保险行业声誉事件，本书选取的样本为 2010—2016 年的寿险公司①各项经营指标及行业、宏观经济环境指标。在此区问内我国部分寿险公司改变传统经营模式为资产驱动负债型经营模式，打"政策擦边球"，不顾寿险公司的经营规

---

① 2012—2016 年，新开业中小型寿险公司纷纷选择"资产驱动负债"型经营模式，试图缩短寿险公司 8~10 年的盈利周期为 2~3 年；2015 年中，"宝万之争"拉开序幕；2016 年末，七大保险系资金资金大规模举牌上市公司，引发市场关注；2018 年 2 月 22 日，中国保监会接管安邦保险，其后保险保障基金对其注资 608 亿。

律及公司内部治理，将自己异化为"野蛮人"，具体表现为部分公司过度承保中断存续期的人身险产品，利用万能险保费举牌上市公司，被媒体大规模负面报道后，致使保险公司集体声誉受损。

3. 定量与定性相结合原则

然后，通过借鉴寿险公司信用评级指标和中国保监会编制的《寿险公司法人机构经营评价指标》，本书在指标选取上进行了大幅度调整，包含宏观、中观和微观三个层次，除了对公司的经营状况进行定量、定性打分，还充分考虑了监管规定、行业发展情况以及外部经济环境等对寿险公司声誉的影响。

4. 科学性原则

声誉指标的设定是对声誉风险评估的系统工程。指标构建是否合理，指标之间是否存在相互重叠、相互矛盾，都是必须仔细斟酌的部分。声誉指标体系必须相互配合，以便进行声誉风险的科学计算。最后，本书虽然针对寿险公司的特征制定了如下指标，见表 4.2，但是该指标的主体并不限于寿险公司，同样适用于我国的财产险公司，这也是我们今后需要继续完善的方向。

表 4.2　寿险公司声誉风险指标

类别	指标名称	来源
企业感召力	资产规模	保险公司年报
	经营时间	保险公司年报
	市场份额	保监会网站
产品和服务	再保比例	保险公司年报
	销售渠道	保险公司年报
	费用率	保险公司年报
目标和领导层	分支公司覆盖地区	保险年鉴
	中资/外资	保险公司年报
	内控和管理规范化程度	国泰安
	股东背景	保险公司年报

续表

类别	指标名称	来源
工作环境	员工年龄水平	国泰安
	员工学历水平	国泰安
	员工性别比	国泰安
	公司架构	年报
财务状况	杠杆率(负债/权益)	年报数据测算
	综合赔付率	年报数据测算
	ROA	年报数据测算
	投资收益率	年报数据测算
	融资系数	年报数据测算
	保费增长率	年报数据测算
保险创新与风险控制	偿付能力充足率变动	保险公司年报
	万能险保费比例	保险公司年报
	产品集中度	保险年鉴数据测算
	退保率	保险年鉴数据测算
	承保杠杆	保险年鉴数据测算
	财务稳健度	保险年鉴数据测算
监管处罚	补充资本比例	保险公司年报
	违法违规(财务违规、销售违规、其他违法违规)	保监会网站
	重大声誉事件	全国财经报刊数据库
社会责任	纳税增长率	年报数据测算
	赔付贡献度	年报数据测算
	信息披露	评级机构
行业发展	新单占比	保监会
	信用评级	公司披露
	资产增长率	保险公司年报

二、保险公司声誉指标的解释

关于寿险公司的声誉指标，本书主要从九个方面加以考虑，包括：①企业感召力；②产品和服务；③目标和领导层；④工作环境；⑤财务状况；⑥保险创新与风险控制；⑦监管处罚；⑧社会责任；⑨行业发展。所有指标均为公开可得数据，数据来源为国泰安、中国保险年鉴、人民银行、银保监会官方网站和各家保险公司披露的年度报告。

1. 企业感召力

寿险公司的财力状况是决定其在该行业中感召力的重要因素，而经营时间和市场份额体现了公司的竞争能力。在考察寿险公司企业感召力时，需要考虑以下因素：资产规模，以总资产的自然对数衡量；经营时间，从公司成立或进入我国市场到样本年度时间差的自然对数；市场份额，为公司保费收入在行业中的占比。通常情况下，一家寿险公司的资产规模越大，经营时间越久，市场份额越多，越可以说明这家公司经营稳健，公众认为这样的公司声誉越高。

2. 产品和服务

寿险公司的产品和服务是其声誉情况的决定性因素。

①再保比例。寿险公司如果严格按照监管规定购买再保险，则所售产品发生违约的情况比较低，被保险人的利益也可以得到相应保障，如果再保比例过高，则影响公司承保规模，再保比例维持在一定合理区间内为最优。

②销售渠道。以银邮渠道保费收入占总保费的比例来衡量。如果公司过于依靠银行保险，则说明内部销售人员实力不强，无法提升潜在投保人心中自有品牌形象，而公司对销售团队的培训和维持，也需要非常高的成本投入，选择合适的投入-成本比可以帮助所有的寿险公司提高绩效。

③综合费用率。综合费用率=（业务及管理费+手续费及佣金+保险业务税金及附加-摊回分保收入）/已赚保费。不同于财产险公司，对寿

险公司的研究一般不使用综合成本率这一指标。寿险公司如果销售和管理费用较高，则说明自身运营成本较高，不利于企业的长期发展。

3. 目标和领导层

①分支公司覆盖地区。结合保险年鉴来考察寿险公司经营业务已经覆盖的省市自治区的占比，主要选取省级直辖市以上分支机构数据。以中国人寿为例，业务覆盖全国所有地区(包括西藏)和偏远乡村，因此记为 1，平安人寿 2016 年分支机构覆盖 32 个省、直辖市(去除香港、澳门特别行政区)，记为 29/32 = 0.91。

②中资或外资。以保监会官方网站上对各家寿险公司的中资、外资的划分情况为依据。受我国金融开放程度影响，除了极个别外资寿险公司外，大部分外资公司在我国都面临不同程度的展业限制。

③内控和管理规范化程度。寿险公司作为重要的金融机构，内部治理和规范化程度直接关系着保险业、金融业的系统性稳健程度，特别是"险资举牌"事件以来，监管机构进一步重视对保险公司董事会、控股股东的审核，提高了牌照发放的门槛。

④股东背景。国有控股保险公司记为 1；民营资本系控股记为 0。相对于国有资本控股的公司，民营资本控股公司在公司内部治理上存在极大的不确定性，个别公司甚至以保费为融资手段进行经营，给保险行业声誉带来了巨大的损失。

4. 工作环境

①员工年龄水平。以 35～45 岁人员占比作为衡量依据。随着社会的发展变革，越来越多的中青年劳动力，特别是年龄在 35～45 岁的人群，普遍面临职业发展的瓶颈期，甚至背负着巨大的被解雇压力，本书以此指标衡量员工在寿险公司工作的压力程度，以及寿险公司对员工的苛责程度。

②员工学历水平。以寿险公司硕士及以上学历人员占比作为指标。随着国家受教育普及程度的提高，越来越多的年轻人获得本科学历继而求职，因此我们以硕士学历作为高等教学的门槛，评估寿险公司高学历员工的占比。

③员工性别比。以女性员工占比作为指标计算。女性就业水平既能体现国家社会对女性平等地位的关注，也能体现企业对男女员工的雇佣倾向。因此，女性员工占比越高，越能说明寿险公司的工作环境更加宽容、公平。

④是否为集团子公司或上市公司。如果寿险公司隶属于金融集团或者在境内外上市则记为1，否则为0。比如，平安寿险公司是平安金融集团旗下的子公司，或者如友邦保险，母公司为AIG集团，我们认为这种大型金融集团下的寿险公司架构完善，员工绩效评估或者公司文化建设相对较高，更有利于员工的发展。

5. 财务状况

寿险公司的财务状况用以下指标表示：①杠杆率＝负债/所有者权益；②综合赔付率＝（赔付支出－摊回赔付支出＋提取保险责任准备金－摊回保险责任准备金）/已赚保费；③ROA＝净利润/总资产；④除了承保业务，寿险公司的投资业务也是重要的收益来源，这里使用投资收益率来衡量寿险公司的投资业务水平，投资收益率＝（投资收益＋公允价值变动收益＋汇兑收益）/年末总资产；⑤融资系数，用准备金与保费收入的比值来表示，即保费中形成保险基金的量，实际反映了保险公司保费收入可以使用的时间，该值越大，准备金可用时间越长，公司风险越小（戴稳胜，2004）；⑥保费增长率＝（当期保费收入－上期保费收入）/上期保费收入。

6. 保险创新和风险控制

寿险公司的保险创新情况用以下指标衡量：①偿付能力充足率变动，偿付能力变化率绝对值＝$\dfrac{\text{当期偿付能力充足率} - \text{上期偿付能力充足率}}{\text{上期偿付能力充足率}}$，寿险公司经营越稳健，该值的变化就越小；②万能险保费比例，在监管机构披露的寿险规模保费数据中，保户投资款新增交费即代表了万能险等高现价产品的规模情况，因此本书用"保户投资款新增交费"占规模保费（原保险保费收入、保户投资款新增交费和投连险独立账户新增交费）的比例表征；③产品集中度，先计算在 t 年各公司各业务的行业市场份额来计算在 t 年业务 j 的公司集中度，然后计算在 t 年业务 j 在公司 i 的占比，二者相乘得到在 t 年公司 i 的加权业务集中度。

寿险公司的风险控制情况用以下指标衡量：①综合退保率＝（退保金＋保户储金及投资款的退保金＋投资连接保险独立账户的退保金）÷（期初长期险责任准备金＋保户储金及投资款期初余额＋独立账户负债期初余额＋本期规模保费）×100％，退保率高表明寿险公司的流动性风险在增加；②承保杠杆，用保费与所有者权益的比值表示，一般用来衡量承保风险和流动性风险（戴稳胜，2004；Xie et al.，2017）；资产驱动负债型公司的保障型保费占比较低，承保杠杆相应较低；③财务稳健度，Z-$Score = \dfrac{ROA + 权益/资产}{\sigma_{ROA}}$，作为衡量保险公司财务稳定性的传统指标，$Z$-$Score$ 值越大，表明公司收益的波动越小，财务状况越稳健（Eling & Pankoke，2016）。

7. 监管处罚

①补充资本比例。我们以寿险公司增资扩股或发行债务性资本工具占实收资本的比例作为指标。在偿付能力监管约束下，寿险公司必须在扩大承保规模的同时补充资本，以满足偿付能力充足率，否则会责令增加资本金或者限制向股东分红、限制董事和高级管理人员的薪酬水平和在职消费水平、限制商业性广告、限制增设分支机构、限制业务范围、责令停止开展新业务、限制资金运用渠道。

②违法违规（财务违规、销售违规、其他违法违规）。本书逐条查阅了中国保监会（各省、市保监局省略不计）官网上公布的违规处罚情况，以此作为寿险公司当年发生严重违规的依据，若有被保监会处罚的情况记为 1，未发生则记为 0。

③重大声誉事件。如果寿险公司当年未发生声誉事件记为 0；如果发生重大声誉事件，像前海人寿在 2016 年 2 月 28 日被保监会开出负责人禁业 10 年的严厉处罚，就记为 1。

8. 社会责任

作为金融机构，保险公司不能仅仅以自我盈利为目标，还肩负着重大的社会责任。

①纳税增长率＝（本期纳税额/上年同期纳税额）-1，显然，寿险公司纳税增长既能代表自身经营状况稳定，也能说明为社会做出更多的贡献。

②赔付贡献度＝公司赔付金额/寿险行业赔付金额，寿险公司赔付金额和承保能力相关，赔付贡献度越高，表明公司承担了更多社会责任，实现经济正外部性。

③信息披露程度，以公司网站对重大信息的披露情况为依据，比如年度报告，偿付能力报告更需每个季度披露一次，遇到重大突发事件（股东变换、迁址）也要及时在网站更新。然则，信息披露及时的公司当年记为1，而有些公司，如幸福人寿，年度信息的文件都无法下载，此种情况记为0。

9. 行业发展

保险行业发展态势，也是国内寿险公司声誉的重要评价依据。行业环境分析是重要的变量，过往研究中常常采用主观评价法。本书在考察寿险行业发展情况时，以新单占比、信用评级和资产增长率三个可量化指标进行考察。

①新单保费占比，以寿险公司新单保费/保费收入计算。不同于财产险公司，寿险公司的保单多为10~20年的长期保单，除了保单维持之外，新单保费占比极好地显示了公司的可持续发展程度。寿险公司如果新单占比高，则能充分说明未来还会有期缴保费，继而说明寿险行业欣欣向荣。

②信用评级，研究参考历年《中国寿险公司信用评级》，对各家寿险公司的信用等级进行了分类，比如中国人寿，记为1；而新华人寿在出现问题的2010年记为0，其他寿险公司以此类推[1]。

---

① 各家寿险公司信用评级情况，参见附录。

③资产增长率，寿险公司当年资产总额/寿险公司上年资产。作为典型的资本驱动型金融机构，寿险公司资产增长率越高，未来发展的可行性越高。

三、描述性统计

本书以 2010—2016 年我国寿险公司经营数据作为研究对象，各项统计指标主要根据《中国保险年鉴》、中国银保监会官方网站特别是各公司披露的年度报告进行测算。为保持数据在不同年份的一致性，我们统一使用母公司（非合并报表）财务数据；为保证数据的有效性，样本数据仅包含了开业三年以上的寿险公司，同时剔除了专业养老保险公司（偿付能力指标缺失）。我们对除了虚拟变量之外的其他变量数据在 1% 和 99% 处进行了缩尾处理，以降低异常值对分析结果的影响。各个变量的描述性统计情况，见表 4.3。

表 4.3 声誉指标描述性统计

变量	观测值	平均数	中位数	标准差	最小值	最大值
规模	388	9.9655	9.8644	1.8863	5.5309	14.8076
经营时间	388	2.0923	2.1972	0.5386	0.6931	3.1781
市场份额	386	0.0177	0.0030	0.0447	0.00000002	0.3329
再保比例	388	0.0998	0.0144	1.0899	−5.3311	8.6679
销售渠道	381	0.5318	0.5527	0.3201	0	1
费用率	388	0.7559	0.3067	2.6114	−1.8000	24.5810
分支公司覆盖地	388	0.3704	0.2969	0.2697	0	1
中资公司	388	0.5670	1.0000	0.4961	0	1
公司内控	388	0.5232	1.0000	0.5001	0	1
股东背景	388	0.4046	0.0000	0.4915	0	1

续表

变量	观测值	平均数	中位数	标准差	最小值	最大值
员工年龄水平	353	0.2604	0.2820	0.1264	0	0.7454
员工学历水平	353	0.3463	0.3340	0.1946	0	0.8435
员工性别比	353	0.5791	0.6100	0.1278	0	0.7398
公司架构	386	0.3420	0	0.4750	0	1
杠杆率	388	0.1441	0.1137	0.1157	−0.1657	0.7611
损失率	388	0.5211	0.7231	1.8078	−16.5686	2.8007
ROA	388	−0.0092	0.0012	0.0313	−0.1783	0.1058
投资收益率	388	0.0475	0.0434	0.0219	−0.0054	0.2001
融资系数	388	0.5146	0.5834	0.3456	−0.3679	1.0552
保费增长率	388	2.2086	0.2076	13.6437	−4.8768	126.2832
偿付能力充足率	388	5.4883	2.2153	37.1266	−2.3731	727.2400
万能险保费比例	236	0.3140	0.2131	0.3060	0	0.9999
险种集中度	375	0.6599	0.6270	0.2173	0.0083	1
退保率	388	0.0507	0.0261	0.0748	−0.2410	0.7852
承保杠杆	388	2.5422	2.5409	2.1363	−4.6020	16.0473
$Z\text{-}Score$	388	23.1095	13.6295	27.7021	1.1677	110.3502
补充资本	388	0.4485	0	0.4980	0	1
投诉处罚	388	0.0696	0	0.2548	0	1
重大声誉事件	388	0.0722	0	0.2591	0	1
纳税增长率	382	0.1170	−0.0747	2.7086	−6.6000	6.1694
赔付贡献度	388	0.0167	0.0010	0.0600	0	0.5715
信息披露程度	388	0.7369	1	0.3373	0	1
新单占比	375	0.6448	0.6867	0.2730	0	1.3081
信用评级	388	0.6392	0.7000	0.2105	0	1
资产增长率	388	0.5139	0.2635	0.9248	−0.4144	9.2922

从表 4.3 中可以发现，2010—2016 年我国寿险公司的年均资产增长率为 0.5139，最大值为 9.2922，行业整体呈高速规模扩张的发展状态。然而，寿险行业规模发展却没有带动公司经营绩效的提升，ROA 均值仅为 -0.0092，中位数 0.0012；最小值为 -0.1783，最大值为 0.1058，表明绩优与绩差公司之间呈明显的两极分化态势。投资收益率最小值仅为 -0.054，最大值为 0.2001，反映了个别寿险公司选取资产驱动负债型经营模式的动因。此外，承保杠杆最小值为 -4.6020，平均值为 2.5422，中位数为 2.5409，最大值为 16.0473，表明剔除异常值后，仍有个别公司自有资金不足，存在过度承保的问题。

第二节　保险公司声誉指数的度量

已有文献中关于属性权重赋值的方法很多，根据计算权重时原始数据的构成不同，可以将这些方法归为三类：主观赋权法、客观赋权法、组合赋权法。主观赋权法是根据决策者(专家)主观上对各属性的重视程度来确定属性权重的方法，其原始数据由抓夹根据经验主观判断而得到。常用的主观赋权法有专家调查法(Delphi)、层次分析法(AHP)、二项系数法、环比评分法、最小平方法等。主观赋权法的优点是专家可根据实际的决策问题和专家自身的知识经验合理地确定各环节权重的次序，防止属性重要程度和属性权重相悖的情况出现。但主观评价法比较随意，专家分析的客观性差。

客观赋权法的属性权重为各属性集中的变异程度和对其他属性的影响程度的度量，权重的原始信息应当来源于客观环境，处理信息的过程应当是深入探讨各属性间的相互联系及影响，再根据各属性的联系程度或各属性所提供的信息量大小来决定属性权重。研究中常用的客观分析法有熵值法、主成分分析法、多目标规划法等。客观赋权法根据原始数据之间的关系确定权重，以较强的数学理论做支撑不依赖专家的主观判断，但权重的确定可能和人们的判断不同。

从上述讨论可以看出，主观赋权法在根据属性本身含义确定权重方面具有优势，但客观性较差；而客观赋权法在不考虑属性实际含义的情况下确定权重具有优势，但不能体现决策者对不同属性的重视程度。因此，针对主观、客观赋权法的优缺点，本书使用主成分分析和组合赋权法计算保险行业声誉指数。

一、声誉指标的统计处理

前文中声誉指标度量的结果是对保险公司、保险行业以及外部经济环境的全面评估，但是声誉指数的度量还需重点突出对声誉风险的考虑。综合过往研究中对金融业信用评级、系统性风险的评估方法，本书最终从主客观结合的综合考量下，使用主成分分析法和组合赋权法测量保险公司声誉指数。

(一)主成分分析

主成分分析法是利用坐标旋转将原来的数据抽象成能够最大限度反映样本总体信息的主成分，并根据对主成分的贡献程度给因子赋权，进而通过线性加和得到反映总体的评价指标。主成分分析法利用降维思想，通过对多个变量进行线性组合，从而形成一系列彼此不相关的新的综合变量(即主成分)的统计分析方法。在综合变量中只需提取少数几个变量即可解释原有变量中的大部分信息，且综合变量间彼此互不相关，利用主成分分析方法可以在最大限度维持原变量信息的前提下有效简化分析过程。而吸收率的构建正是利用了主成分分析法中将原有变量重组、降维的过程。通过分析一定数量的综合变量对原有信息的解释力度随时间变化的情况，推测各个变量之间关联性的紧密程度，从而判断系统性风险的变化情况。其优点是信息量较大，缺点体现在以下几个方面：①信息有重叠(x 之间可能相关)；②指标的权重(重要性排序)未能很好地解决。主成分分析既能减少指标的个数，又能保留原指标的大部分信息，此外，重新计算出的指标不相关，权重具有客观性。

假设研究的对象包含 p 个原始变量 x_1、x_2、x_m，每个变量有 n 个观测值，则原始数据的样本矩阵为下式。

$$X = (x_1, \ x_2, \ \cdots, \ x_m) = \begin{bmatrix} x_{11} & x_{12} & \cdots & x_{1m} \\ x_{21} & x_{22} & \cdots & x_{2m} \\ \vdots & \vdots & \vdots & \vdots \\ x_{n1} & x_{n2} & \cdots & x_{nm} \end{bmatrix}$$

在原始数据基础上，对 m 个变量进行线性组合，得到新的综合变量。为了尽可能多地解释原始变量中的信息，在构造第一个新变量时，应选取系数使得变量的方差最大。在此基础上构建的第二个变量为避免信息重复，则必须与第一个变量无关。其中变量方差最大，包含的解释信息最多，被称为第一主成分，其他分别被称为第二，第三……第 m 主成分。通过数学推导可以证明，F 的方差即为标准化后的原始数据的协方差矩阵的特征值，且主成分系数矩阵的元素为原始数据协方差矩阵特征值对应的特征向量。

$$\begin{cases} F_1 = a_{12}x_1 + a_{12}x_2 + \cdots + a_{1m}x_m \\ F_2 = a_{21}x_1 + a_{22}x_2 + \cdots + a_{2m}x_m \\ F_3 = a_{31}x_1 + a_{32}x_2 + \cdots + a_{3m}x_m \\ \qquad \cdots \\ F_m = a_{m2}x_1 + a_{m2}x_2 + \cdots + a_{mm}x_m \end{cases}$$

(二) 组合赋权法

主成分分析可以客观计算出各项声誉指标对声誉指数的贡献。本书同时使用组合赋权法对主成分分析法测出的声誉指数进行验证。首先，将所有指标进行标准化处理，正向指标按照式 (4.1) 处理，负向指标按照式 (4.2) 处理。通过这种方法处理后，所有的指标都能控制在 0~1。

$$\text{Index} X_{it} = \frac{X_{it} - \text{Min} X_i}{\text{Max} X_i - \text{Min} X_i} \tag{4.1}$$

$$\text{Index} X_{it} = \frac{\text{Max} X_{it} - X_{it}}{\text{Max} X_i - \text{Min} X_i} \tag{4.2}$$

本书综合考虑各项声誉指标对保险公司声誉状况的关联度，结合专家意见对一类指标、二类指标进行权重处理，通过一系列变化得出主客观相结合的声誉指数。但是，专家打分法具有主观上的偏误，因此，研究中只将其作为主成分分析方法的参照，用于后文的稳健性检验。

二、保险公司声誉指数

本书将寿险公司指标按年度划分，构建年度数据矩阵，并以此为基准测算每家公司在2010—2016年的声誉指数。参考秦芳等（2016）的研究，我们最终选取了特征值大于1，累计方差贡献率高于75%的前十项主成分。表4.4统计了2016年寿险公司主成分的结果，2010—2015年的统计结果详细见附录。

表4.4　2016年主成分分析结果

主成分	特征值	特征值之差	方差贡献率	累计方差贡献率
Comp1	6.5772	2.6497	0.1879	0.1879
Comp2	3.9274	0.8010	0.1122	0.3001
Comp3	3.1264	0.2616	0.0893	0.3895
Comp4	2.8648	0.5362	0.0819	0.4713
Comp5	2.3286	0.4485	0.0665	0.5378
Comp6	1.8801	0.0413	0.0537	0.5916
Comp7	1.8388	0.3246	0.0525	0.6441
Comp8	1.5142	0.2990	0.0433	0.6874
Comp9	1.2152	0.1146	0.0347	0.7221
Comp10	1.1006	0.0855	0.0314	0.7535

如图4.1~图4.7所示，从碎石图上可以比较直观地看出主成分重要性的分布情况，碎石图以特征值为纵轴，指标为横轴。前面陡峭的部分说明特征值大，包含的信息多，后面平坦的部分意味着特征值小，包含的信息也较少。本书所选取的10个因子已经将所有特征值大于1的情形纳入，可以涵盖大部分信息。

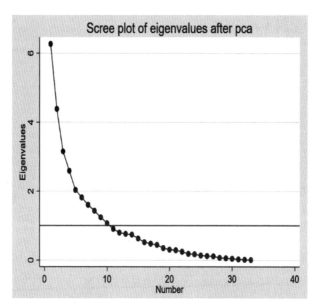

图 4.1　2010 年主成分碎石图

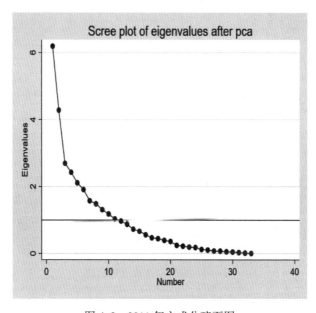

图 4.2　2011 年主成分碎石图

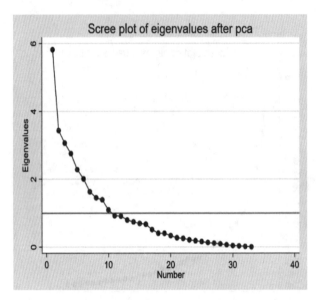

图 4.3　2012 年主成分碎石图

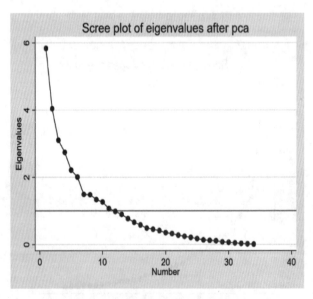

图 4.4　2013 年主成分碎石图

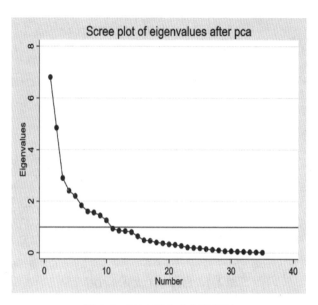

图 4.5 2014 年主成分碎石图

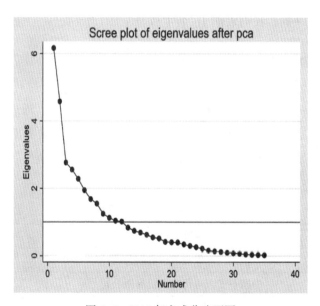

图 4.6 2015 年主成分碎石图

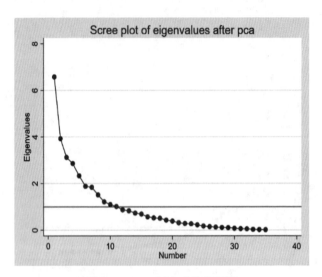

图 4.7　2016 年主成分碎石图

以此为基础，我们取前 10 个主成分 y_1，y_2，$\cdots$，y_{10}，其方差分别

为 λ_1，λ_2，$\cdots$，λ_{10}，以每个主成分 y_i 的贡献率 $\alpha_i = \dfrac{\lambda_i}{\sum\limits_{i=1}^{10} \lambda_i}$ 作为权数，构

造各公司的综合声誉指数，$F = \alpha_1 y_1 + \alpha_2 y_2 + \cdots + \alpha_{10} y_{10}$。通过测算，本
书求得了各家寿险公司使用 2010—2016 年度主成分方法测出的声誉指
数，表 4.5 展示了各家寿险公司在各年度声誉指数的均值。

表 4.5　寿险公司声誉指数

序号	保险公司	声誉指数
1	中国人寿保险股份有限公司	60.74
2	中国平安人寿保险股份有限公司	42.96
3	中国太平洋人寿保险股份有限公司	33.95
4	太平人寿保险有限公司	26.60
5	泰康保险集团股份有限公司	24.03
6	中国人民人寿保险股份有限公司	23.99

续表

序号	保险公司	声誉指数
7	新华人寿保险股份有限公司	23.80
8	美国友邦保险	15.64
9	中宏人寿保险有限公司	14.68
10	富德生命人寿保险股份有限公司	12.97
11	中国人民健康保险股份有限公司	11.75
12	和谐健康保险股份有限公司	8.49
13	阳光人寿保险股份有限公司	7.70
14	建信人寿保险有限公司	7.67
15	民生人寿保险股份有限公司	7.53
16	招商信诺人寿保险有限公司	5.37
17	安邦人寿保险股份有限公司	4.11
18	交银康联人寿保险有限公司	4.01
19	光大永明人寿保险有限公司	3.40
20	工银安盛人寿保险有限公司	2.55
21	信诚人寿保险有限公司	2.15
22	合众人寿保险股份有限公司	1.46
23	中英人寿保险有限公司	0.69
24	中德安联人寿保险有限公司	0.17
25	华泰人寿保险股份有限公司	−0.45
26	中邮人寿保险股份有限公司	−0.56
27	中意人寿保险有限公司	−0.77
28	中荷人寿保险有限公司	−0.98
29	平安健康保险股份有限公司	−1.15
30	天安人寿保险股份有限公司	−2.49
31	中美联泰大都会人寿保险有限公司	−2.68
32	国华人寿保险股份有限公司	−3.23
33	农银人寿保险股份有限公司	−3.60

续表

序号	保险公司	声誉指数
34	北大方正人寿保险有限公司	-3.94
35	正德人寿保险股份有限公司	-4.88
36	英大泰和人寿保险股份有限公司	-5.37
37	恒安标准人寿保险有限公司	-6.35
38	百年人寿保险股份有限公司	-6.46
39	同方全球人寿保险有限公司	-8.39
40	前海人寿保险股份有限公司	-8.85
41	汇丰人寿保险有限公司	-8.94
42	华夏人寿保险股份有限公司	-9.96
43	利安人寿保险股份有限公司	-10.03
44	中银三星人寿保险有限公司	-12.31
45	长城人寿保险股份有限公司	-12.59
46	陆家嘴国泰人寿保险有限责任公司	-12.74
47	幸福人寿保险股份有限公司	-13.00
48	恒大人寿保险有限公司	-13.78
49	信泰人寿保险股份有限公司	-14.18
50	珠江人寿保险股份有限公司	-14.49
51	中融人寿保险股份有限公司	-16.60
52	长生人寿保险有限公司	-16.90
53	弘康人寿保险股份有限公司	-18.72
54	昆仑健康保险股份有限公司	-20.47
55	君龙人寿保险有限公司	-21.32
56	吉祥人寿保险股份有限公司	-23.16
57	东吴人寿保险股份有限公司	-24.20
58	新光海航人寿保险有限责任公司	-38.28
59	中法人寿保险有限责任公司	-38.90
60	瑞泰人寿保险有限公司	-131.31

三、寿险公司声誉指数评价结果分析

(一)寿险公司声誉指数与非寿险公司声誉指数的区别

第一,寿险公司的盈利周期比较漫长,一般需要7~8年,基于这一因素,投保人在购买寿险保单时会着重考虑影响公司对客户的到期偿债能力的因素,比如保险公司资金实力和声誉等,因此相对而言更加侧重考虑相关寿险公司的经营指标、财务稳健性指标以及到期偿付能力相关的指标,还有就是该寿险公司是否常常和被保险人就保险合同发生纠纷,存在销售误导以及重大声誉事件等情况。

第二,寿险产品更加侧重体现保险的保值与增值功能,这就使得寿险公司在经营过程中必须协调发展承保和投资业务,协调好保障与金融职能。最近几年,以前海人寿、恒大人寿和安邦人寿为代表的资产驱动负债型公司,以保费作为融资手段,在资本市场加大权益类高风险投资,被其他中小寿险公司争相效仿。因此,相比财险公司,寿险公司的经营更易被宏观经济环境所影响,受到资本市场频繁波动的冲击。

(二)寿险公司声誉指数的特点

1. 显示寿险公司综合经营状况

本书结合信用评级、金融系统性风险的研究,采用主客观相结合的方法对保险公司声誉指数进行测算。在指标选取上,除了重视保险公司经营有序(ROA/综合退保率、综合赔付率、行业集中度)、财务稳健(Z-$score$),还将公司赔付贡献度、纳税增长率、资产增长率加入指标,充分衡量保险公司在行业中的综合实力。此外,考虑到主成分分析法的特点,本书所有指标尽量控制在0~1,避免了异常指标对声誉指数准确性的干扰。

2. 静态视角反映保险公司声誉风险

根据前文的定义,保险公司的声誉风险主要来自外界对公司信任度

(评价)的降低，一旦公司发生重大声誉事件，或者监管机构对公司(销售误导、违法违规经营)进行严厉处罚，势必会增加公司的声誉风险。因此，本书在组合赋权时，格外重视这几项涉及公司声誉状况的指标，将其赋予了更高的权重，这也是本书测算出的声誉指数不同于前人研究或是信用评级之处。

3. 预测未来的准确性比较低

保险公司的声誉很像特许权价值(franchise value)，虽然能够如实反映公司以往的综合情况，但无法对未来进行准确预测。首先，声誉事件具有突发性、偶然性。即使保险公司开业至今仍保持着极好的声誉，但是突发的声誉事件可以令其迅速陷入声誉危机。在某些情况下，保险公司自身也无法控制外界环境的突变所带来的声誉风险。然后，主成分分析对因子的赋权是根据数据得出的，因此排除了主观性的干扰，但该方法的缺点是每年的权重都会发生变化，这将导致跨年的可比性受到不同程度的影响。因此，保险公司今年的声誉指数与明年或是未来不具有可比性，故而无法预测未来声誉情况。

第三节　保险公司声誉指数的分类比较

一、公司规模

关于公司规模，文中选取总资产的自然对数来表示。根据规模经济与范围经济理论，资产规模是决定公司风险行为的重要因素。规模越大，公司风险分散能力越强，越易于融资，越有能力承担更高水平的风险。统计结果表明，公司规模越大，声誉指数越高，而且规模在前25%的公司，其声誉指数显著大于50%和75%的公司，符合我国寿险行业一直以来的寡头垄断现象，即"国寿""平安""太保"等公司依靠资产规模取得声誉优势，反过来，声誉优势又帮助他们在行业竞争中吸收更多的保费，扩大规模，见表4.6。

表 4.6　规模对声誉指数的影响

分类	样本数	均值	方差
大于 75%分位数	97	20.09	18.68
小于 75%分位数	291	−6.69	14.22
差别		26.79 ***	
大于中位数	194	10.25	18.38
小于中位数	194	−10.25	14.11
差别		20.51 ***	

注：＊＊＊、＊＊、＊分别表示参数估计在1%、5%、10%的显著性水平下是显著的。

二、公司经营模式

传统上，寿险公司以负债端的承保业务来驱动资产端的投资业务发展，其主要盈利模式在于先吸收负债端的保费，再在资产端进行稳健的财务投资；而非传统型公司则是先选择投资战略，寻找投资盈利计划，出售保险产品后，使用保费进行相应投资：这是负债驱动资产型经营模式和资产驱动负债型经营模式的本质区别(朱南军，2016)。寿险公司2013—2016 年选择资产驱动负债型经营模式的最主要特征为，业务集中于万能险，使用万能险保费进行权益类投资。在监管机构披露的寿险规模保费数据中，保户投资款新增交费即代表了万能险等高现价产品的规模情况，因此我们用"保户投资款新增交费"占规模保费(原保险保费收入、保户投资款新增交费和投连险独立账户新增交费①)的比例表征公司的经营模式。

───────────────

① 监管机构对"保户投资款新增交费"的统计从 2013 年开始。

统计结果表明,寿险公司万能险保费占比越低,声誉指数越高;而随着万能险保费占比的增加,寿险公司的声誉指数会急速下降。相比激进型公司,传统型公司的声誉指数更高,但在两者之间存在数目最多的中小型公司。这些中小型公司的股东不像前海、恒大人寿背后的资本系渴望争夺上市公司经营控制权,也没有国寿、平安或太保的实力,可以一直坚持"保险姓保"的经营理念,因此,公司的声誉和经营模式呈现一种两头小、中间大的分布情况,见表4.7。

表 4.7 经营模式对声誉指数的影响

分类	样本数	均值	方差
小于中位数	118	3. 19	21. 64
大于中位数	117	−3. 22	17. 55
差别		6. 42 ***	
小于 25 分位数	59	2. 30	22. 77
大于 25% 分位数	176	−0. 77	18. 81
差别		3. 07	

注: ***、**、* 分别表示参数估计在 1%、5%、10% 的显著性水平下是显著的。

三、偿付能力充足率

保险监管的核心是保护保单持有人的利益,而保单持有人的核心利益是责任保障和到期给付。如果保险公司的偿付能力不足,那么保单持有人的核心权益就无法维护,保险监管的核心目标也就无法实现。监管机构对保险公司实施偿付能力监管,并对之提出明确的资本要求和纠正措施,将对保险公司的风险行为产生一定影响。监管越严格,公司的风险行为越要受到限制(潘敏和魏海瑞,2015)。如表 4.8 所示,偿付能力越高，寿险公司的声誉指数越高；偿付能力越低，寿险公司的声誉指数越低。监管要求保险公司偿付能力充足率保持在 100%以上，而在现实经营中，很多寿险公司需要解决偿付能力的双重困境：偿付能力过高，造成资本使用效率不足；偿付能力过低，很容易越过监管红线，降低公司声誉。

表 4.8　偿付能力充足率对声誉指数的影响

分类	样本数	均值	方差
大于 75%分位数	97	7.49	18.93
小于 75%分位数	291	−2.49	18.82
差别		9.9918***	
大于中位数	194	1.82	18.92
小于中位数	194	−1.84	19.59
差别		3.65**	

注：***、**、*分别表示参数估计在 1%、5%、10%的显著性水平下是显著的。

四、产品销售渠道

交易成本理论认为，由于生产商和渠道商之间的不确定契约关系，所产生的交易成本会影响公司的渠道策略选择。Posey & Tennyson（1998）认为，低成本制造商（保险公司）和低搜寻成本的消费者倾向选择直接承保分销，高成本制造商和高搜寻成本的消费者倾向选择独立代理分销。如果将销售渠道分为保险公司直销（独立）渠道和保险中介（分销）两类，直接渠道有助于公司提高保单售前、售后服务质量，垂直控制销售网络，降低交易成本，因而会增加公司利润（Joskow，1973）。个人代理渠道虽然会增加保险公司运营成本，但保险代理人最有利于提供公司的保险产品和服务，维持长期客户关系，因而受到大型保险公司的青睐。银保产品多为趸交的标准化产品，发展受制于银行员工和客户，更适合中、小型保险公司或者新公司在急需打开市场的初期使用。销售渠道对声誉指数的影响，见表4.9。

表4.9　销售渠道对声誉指数的影响

分类	样本数	均值	方差
小于25%分位数	97	1.88	25.36
大于25%分位数	291	−0.63	16.84
差别		2.50	
小于中位数	194	2.51	22.39
大于中位数	194	−2.48	15.36
差别	0	4.99***	

注：＊＊＊、＊＊、＊分别表示参数估计在1%、5%、10%的显著性水平下是显著的。

从寿险行业实际发展状况分析，国寿、平安、新华等大型公司主要依靠个人代理渠道展业，除了良好的品牌优势可以帮助所属代理人开展业务，这些公司还注重发展潜力，积极培养销售团队，提高核心竞争力。久而久之，个人代理业务占比高成为公司实力的象征，经营状况自然也会优于其他保险公司。相反，银行邮政可以同时销售多家保险公司产品，牢牢掌握着和保险公司议价的话语权，过高的佣金和手续费势必会增加保险公司的运营成本，难以改善甚至降低经营绩效。而在其他销售渠道，如互联网渠道，寿险公司通过与第三方平台包括支付宝、微信等合作或建立自己的独立网销平台销售保险产品，虽然代表了保险业人工智能化的未来趋势，但网销保费收入占总寿险保费收入之比仅在1%左右，并不突出，仍然处于创新试点阶段。再比如专业保险中介渠道，虽然保险公司使用专业中介渠道有助于扩大销售范围、减少销售成本，但这些渠道的风险管控水平和效率仍有待提高，保险公司需要探索与这些渠道合作的新模式以及利益共享的新机制。

第四节　稳健性检验

一、声誉指标

在前文的基础上，我们按照组合赋权法对声誉指标进行处理，具体分为正向、负向、适度三个方向。本书对二级指标方向的选取，都是以一级指标为准绳。比如，放在公司感召力（一级指标）之下的资产规模（二级指标），显然，资产规模越大，公司感召力越强，两者之间正相关关系显著，我们将其选取为正向指标。反之亦然，综合赔付率和财务状况呈负相关关系，我们将其设定为负向指标。其他正向、负向指标依次类推。但是，仍有部分指标无法简单地衡量，我们以适度指标进行分类。例如，险种集中度指标，过往的实证研究同时支持分散–脆弱和集中–脆弱假说。是否险种集中度越高，公司经营风险越小，通过检验不同公司不同年份的数据，得出的结果差异明显。同时，再保比例、杠杆率等指标在实证中也存在类似结论，即二级指标与一级指标之间的正相关或负相关关系不确定，所以，均采用适度指标进行处理。我国保险公司声誉指标体系，见表 4.10。

表 4.10　我国保险公司声誉指标体系

一级指标	二级指标	指 标 定 义
企业感召力	资产规模（正向）	公司总资产的对数
	经营时间（正向）	从公司成立或进入我国市场到样本年度时间之差的自然对数
	市场份额（正向）	各家公司保费收入在行业中的占比

续表

一级 指标	二级指标	指 标 定 义
产品和 服务	再保比例(适度)	再保险保费与保费收入之比
	销售渠道(适度)	银邮渠道保费收入占总保费的比例
	综合费用率(负向)	(业务及管理费+手续费及佣金+保险业务税金及 附加-摊回分保收入)/保费收入
目标与 领导层	分支公司覆盖地区	各家保险公司经营业务已经覆盖的省级行政区 的占比,主要选取省级行政区分支机构数据; 以中国人寿为例,业务覆盖全国31个省级行政 区,因此记为1,平安人寿2016年分支机构覆 盖29个省级行政区,记为29/31=0.935
	中资/外资	中资公司记为1,外资公司记为0
	公司内控	参考郝臣等(2017)编制的保险公司内控指数
	股东背景	国资背景股东记为1,民营资本记为0
工作 环境	员工年龄结构(正向)	职工中35~45岁人员占比
	员工学历水平(正向)	硕士及以上学历人员占比
	员工性别比(正向)	女性员工占比
	公司架构	集团公司记为1,其他为0
财务 状况	杠杆率(适度)	总负债与总资产之比
	综合赔付率(负向)	(赔付支出-摊回赔付支出+提取保险责任准备 金-摊回保险责任准备金)/保费收入
	ROA(正向)	净利润与总资产之比
	投资收益率(正向)	(投资收益+公允价值变动收益+汇兑收益)/年 末总资产
	融资系数(适度)	准备金与保费收入之比
	保费增长率(适度)	(当期保费收入-上期保费收入)/上期保费收入

续表

一级指标	二级指标	指 标 定 义
保险创新与风险控制	偿付能力充足率变化率(适度)	偿付能力变化率绝对值= $\left\|\dfrac{当期偿付能力充足率-上期偿付能力充足率}{上期偿付能力充足率}\right\|$
	万能险保费占比(适度)	"保户投资款新增交费"占规模保费(原保险保费收入、保户投资款新增交费和投连险独立账户新增交费)的比例
	产品集中度(适度)	各险种保费收入占总保费收入的百分比的平方和
	综合退保率(负向)	综合退保率=(退保金+保户储金及投资款的退保金+投资连接保险独立账户的退保金)/(期初长期险责任准备金+保户储金及投资款期初余额+独立账户负债期初余额+本期规模保费)×100%
	承保杠杆(适度)	已赚保费与所有者权益之比
	财务稳健度(正向)	$Z\text{-}Score①=\dfrac{ROA+权益/资产}{\sigma_{ROA}}$
监管处罚与监管压力	是否补充资本②	公司当年补充资本的情况,补充记为1,未补充记为0
	违法违规(财务违规、销售违规、其他违法违规)	以中国银保监会(各省、市银保监局省略不计)官网上公布的违规处罚情况,作为公司当年发生严重违规的依据,若有被保监会处罚的情况记为1,没有则记为0
	重大声誉事件	寿险公司当年未发生声誉事件记为0,如果发生重大声誉事件记为1

---

① σ_{ROA} 为 ROA 连续三年的滚动标准差。

② 据统计,绝大多数保险公司只有在偿付能力严重低于监管标准时,才会被迫补充资本以满足监管机构的各项要求,故而将这项指标列入监管处罚类。

续表

一级指标	二级指标	指标定义
社会责任	纳税增长率(正向)	(本期纳税额/上年同期纳税额) - 1
	赔付贡献度(正向)	公司赔付金额与寿险行业赔付金额之比
	信息披露	以公司网站对重大信息的披露情况为依据，年度报告是否及时披露、偿付能力报告是否按季度披露、重大突发事件(更换股东、迁址)是否及时在网站更新
行业发展	新单占比(适度)	新单保费与保费收入之比，新单保费占比显示了公司的可持续发展程度
	信用评级	参考中国金融出版社出版的《中国寿险公司信用评级》，对各家寿险公司的信用等级进行了分类，比如中国人寿，A^+记为1，A级记为0.8，B^+级记为0.6，B级记为0.5
	资产增长率(适度)	公司当年资产增加额与上年资产总额之比

数据来源：国泰安数据库、2009—2018 年《中国保险年鉴》、中国人民银行网站、中国银保监会官方网站以及各家保险公司披露的年度报告，所有指标均为公开可得数据。

二、声誉指标的处理

根据传统的声誉机制理论，组织声誉水平越高，声誉风险就越低；组织声誉水平越低，声誉风险就越高。为了体现"指标值表现越优异，进一步提升难度越大"的统计规律(徐国祥等，2008)，我们首先将部分指标进行了离差标准化处理，其中正向指标按式(4.3)处理，负向指标按式(4.4)处理，适度指标按式(4.5)处理，经过处理后的指标取值和声誉水平方向一致，取值为[0, 1]。

$$\text{Index}X_{it} = \frac{X_{it} - \underset{i}{\text{Min}}(X_{it})}{\underset{i}{\text{Max}}(X_{it}) - \underset{i}{\text{Min}}(X_{it})} \qquad (4.3)$$

$$\text{Index}X_{it} = \frac{\underset{i}{\text{Max}}(X_{it}) - X_{it}}{\underset{i}{\text{Max}}(X_{it}) - \underset{i}{\text{Min}}(X_{it})} \qquad (4.4)$$

$$\text{Index}X_{it} = 1 - \frac{|fitX_i - X_{it}|}{\underset{i}{\text{Max}}(X_{it}) - \underset{i}{\text{Min}}(X_{it})} \qquad (4.5)$$

其中 $fitX_i$ 为当年该项指标的行业中位数。

通过前文分析，我们将九大类一级指标赋权，进而通过线性加总得到反映总体的评价指标。我们取九个一级指标 y_1，y_2，$\cdots$，y_9，以每个一级指标 y_i 的贡献率 α_i 作为权重(财务类指标赋权 0.2，其余八项指标赋权 0.1)，二级指标为等权重，根据式(4.6)构造各公司的声誉指数 Reputation_index$_{i,t}$。表 4.11 列出了寿险公司在 2010—2017 年声誉指数的均值及其排名。

$$\text{Reputation\_index}_{i,t} = 100 \times (\alpha_1 y_1 + \alpha_2 y_2 + \cdots + \alpha_9 y_9) \qquad (4.6)$$

表 4.11　保险公司声誉指数、声誉风险指数及排名①

保险公司	声誉指数	排序	声誉风险	排序	保险公司	声誉指数	排序	声誉风险	排序
中国人寿	78.93	1	0.083	12	汇丰人寿	53.14	32	-0.175	29
平安人寿	78.14	2	-0.288	37	同方全球	53.12	33	0.152	4
太平洋人寿	75.99	3	-0.393	42	工银安盛	52.91	34	-0.175	30
新华人寿	72.82	4	-0.278	35	农银人寿	52.86	35	0.117	5
泰康保险	70.60	5	-0.404	43	安邦人寿	51.83	36	-1.101	55
太平人寿	69.63	6	0.100	8	长城人寿	51.63	37	0.064	14

① 由于测算方法不同，声誉指数的样本区间为 2010—2017 年，声誉风险指数的样本区间为 2013—2017 年。吉祥人寿、东吴人寿、前海人寿、弘康人寿、渤海人寿和珠江人寿因为样本区间有限，无法得出声誉风险的有效估计，故而省略。

保险公司	声誉指数	排序	声誉风险	排序	保险公司	声誉指数	排序	声誉风险	排序
人民人寿	69.55	7	0.078	13	幸福人寿	51.33	38	0.028	15
美国友邦	64.52	8	-0.558	46	平安健康	51.31	39	-0.032	22
中宏人寿	64.44	9	-0.018	20	和谐健康	50.88	40	-0.842	53
民生人寿	63.01	10	-0.327	41	华夏人寿	50.75	41	0.6584	2
富德生命	62.72	11	-0.284	36	君康人寿	50.35	42	-0.161	27
阳光人寿	61.18	12	-0.315	39	北大方正	50.35	43	-0.006	19
中荷人寿	60.74	13	-0.106	24	信泰人寿	50.33	44	0.088	10
人民健康	60.74	14	-0.248	34	吉祥人寿	50.24	45	—	
华泰人寿	60.21	15	-0.906	54	中银三星	50.05	46	0.153	3
合众人寿	58.90	16	0.116	6	东吴人寿	50.01	47	—	
建信人寿	58.80	17	-0.199	32	前海人寿	49.62	48		
光大永明	58.43	18	0.084	11	利安人寿	49.02	49	-0.586	47
招商信诺	57.40	19	0.114	7	瑞泰人寿	47.99	50	-0.174	28
信诚人寿	57.22	20	-0.181	31	恒大人寿	47.96	51	-0.691	49
交银康联	56.98	21	-0.019	21	中融人寿	47.66	52	-0.612	48
中邮人寿	56.81	22	-0.545	33	弘康人寿	47.18	53		
恒安标准	56.53	23	-0.503	44	渤海人寿	46.54	54		
中英人寿	56.34	24	-0.310	38	陆家嘴国泰	46.21	55	0.008	17
天安人寿	55.41	25	0.091	9	君龙人寿	45.91	56	0.017	16
中意人寿	54.98	26	-0.202	33	昆仑健康	45.42	57	-0.107	25
中美联泰	54.98	27	-0.320	40	珠江人寿	45.37	58	—	
百年人寿	54.45	28	-0.750	50	长生人寿	44.43	59	0.005	18

保险公司	声誉指数	排序	声誉风险	排序	保险公司	声誉指数	排序	声誉风险	排序
中德安联	54.30	29	0.332	1	新光海航	40.34	60	-0.753	51
英大泰和	54.22	30	-0.038	23	中法人寿	39.24	61	-0.807	52
国华人寿	53.39	31	-0.117	26					

根据声誉机制理论，声誉指数高的公司，声誉风险低；声誉指数低的公司，声誉风险高。由表 4.11 可以看出，组合赋权法测算出的声誉指数不但符合理论假设，而且符合保险行业的现实情况，例如，中国人寿、平安人寿和太平洋人寿三家公司在统计年度内一直处于前三的位置。个别公司由于业务违规被监管机构严厉批评或处罚，其声誉指数在 2013—2016 年呈现了不同程度的下降。此外，还有寿险公司在样本区间内遭遇重大声誉事件，声誉指数急剧降低，特别是采取资产驱动负债型经营模式的公司，它们在"险资举牌"事件后被监管机构严格限制业务，声誉损失惨重。这些公司需要加强对声誉风险的管理，及时做好舆情引导工作，防止公司整体经营受到负面舆情的波及。

我们根据公司规模、经营方式、偿付能力和销售渠道将寿险公司划分为两类：第Ⅰ类为指标值小于行业中位数的样本；第Ⅱ类为指标值超过行业中位数的样本。再将两组样本进行均值比较，见表 4.12。统计结果表明：①大型寿险公司由于在资产规模、市场份额和经营时间上存在无可比拟的优势，声誉指数显著高于其他中小公司；②资产驱动负债型经营模式公司的声誉指数显著低于传统型公司，其面临的声誉风险较为突出；③公司偿付能力越高（相对稳健），声誉指数越高；④依赖银邮渠道销售保单的公司，声誉指数明显偏低①。

---

① 若寿险公司过于依靠银邮渠道销售产品，会逐渐丧失销售团队的优势，降低和银行邮政的议价能力，增加经营成本。

表 4.12　不同类型保险公司声誉指数的比较

样本 变量	第 I 类		第 II 类		均值检验 （I-II）
	均值	标准差	均值	标准差	
规模	50.774	6.836	61.296	9.093	-10.522***
经营模式	59.772	9.777	54.806	8.232	4.966***
偿付能力	54.949	9.628	57.122	9.487	-2.172**
销售渠道	57.528	11.129	54.646	7.649	2.882***

注：①规模指标由公司总资产的自然对数表示，经营模式指标由万能险保费中保户投资款新增交费与规模保费收入之比表示；销售渠道指标由银邮渠道保费收入占比表示。

②***、**、* 分别表示均值在 1%、5%、10% 的显著性水平下是显著的。

第五节　本章小结

第一，本书以 Harris-Fombrun 制定的一般企业声誉指标为基础，编制了针对寿险公司的声誉指标，包含九类一级指标，35 项二级指标。

第二，本书使用 2010—2016 年寿险公司的数据，通过主成分分析法（客观法）测算出各家保险公司在样本区间的声誉指数，并使用组合赋权法（主客观相结合）进行稳健性检验，两者结果基本一致。

第三，研究发现，保险公司规模、经营模式、偿付能力充足率和产品销售渠道都会显著影响公司声誉指数。

第五章　保险公司声誉风险对经营
状况的影响

第四章已经从声誉机制理论构建声誉指数，以说明寿险公司声誉风险的情况：声誉指数高的公司，声誉风险低；声誉指数低的公司，声誉风险高，结论符合传统的声誉机制理论。而在本章中，我们将从期望波动理论测算寿险公司声誉风险指数，并分别研究静态和动态视角下声誉风险对经营状况的影响。

第一节　保险公司声誉指数对经营状况的影响

一、研究假设

随着互联网的传播速度加快，社交媒体的兴起，保险公司声誉风险对经营状况的影响日益受到重视。越来越多的学者开始研究公司声誉或声誉事件和经营之间的相关性。Gatzert(2015)将此类研究分为两类：保险公司声誉状况对财务绩效的影响(静态角度)；声誉风险状况对经营状况的影响(动态角度)。

Formbrun & Shanley(1990)发现，公司声誉和财务绩效存在互为因果的关系，公司因为过往的财务绩效好，享有较高的声誉，同理，现在享有较高的声誉又会推动未来顺利发展。与之相似，Roberts & Dowling(2008)和Ratier & Schwaiger(2015)的研究也证明，公司声誉和财务绩效之间存在显著的正相关关系。然而，Sanchez & Sotorrio(2007)提出，

公司声誉和财务绩效之间的相关性随经营决策不同而变化。Stuebs &
Sun(2010)认为，考虑到利益相关方(员工素质和生产效率)、产品服务
和质量等决定公司声誉情况的因素不同，对公司财务绩效的影响也不
同。基于此，我们提出研究假设1、2和3：

H$_1$：保险公司声誉指数越高，总体绩效越好；

H$_2$：保险公司声誉指数越高，投资绩效越低；

H$_3$：保险公司声誉指数和承保绩效的相关关系不确定。

根据期望波动理论，外界对公司声誉的期望越高，公司就越难满
足，声誉更像是自身的负债(Rhee & Haunschild, 2006)。Rhee &
Haunschild(2006)以美国汽车制造业数据进行实证分析，研究结果表明
高声誉企业陷入"质量门"遭受严厉处罚后，声誉事件所带来的经营风
险远高于低声誉企业。和一般制造企业相反，保险公司完全以信用(声
誉)作为商品进行经营。基于此，我们提出研究假设4：

H$_4$：公司声誉指数和总体经营风险呈显著负相关关系。

二、模型设定、变量选择

(一)模型设定

本书按寿险公司声誉指数的高低，考虑寿险公司声誉风险对经营状
况(包含公司总体绩效、投资业务、承保业务和经营风险)的影响，计
量模型如式(5.1)所示。

$$Op_{it} = \beta_0 + \beta_1 \text{reputation}_{i,\,t-1} + \beta_2^T X_{i,\,t} + u_{it} \tag{5.1}$$

Op_{it}为公司i在第t年的经营状况，reputation_{it}为保险公司声誉指
数，u_{it}为误差项。

(二)变量选择

1. 绩效指标

本章从承保、投资、经营绩效以及总体经营风险四个方面评估寿险

公司的经营状况。① 使用综合费用率、综合赔付率来衡量保险公司的承保能力或者承保状况。② 投资收益率是最能反映公司投资绩效的指标。根据保监会发布的《寿险公司法人机构经营评价指标》调整计算投资收益率，即投资收益率 = (投资收益 + 公允价值变动收益 + 汇兑收益)/ 期末总资产。投资收益率高，才能保证保单特别是万能险保单的刚性兑付。③ 总体绩效，以资产报酬率(ROA，净利润 / 总资产) 和权益资本报酬率(ROE，净利润 / 所有者权益) 衡量，反映了公司的总体经营绩效。

2. 风险指标

对于总体风险，过往研究中对上市公司采用股票收益标准差、Value at Risk 、Beta 值的度量方法，对非上市公司大多会借鉴公司金融领用使用 ROA、ROE 的三年标准差作为衡量保险公司总体风险(波动)的指标(Yu et al., 2008；Cheng et al., 2011； Ho et al., 2013； Pasiouras & Gaganis, 2013； Upadhyay, 2015)，由于我国上市保险公司较少，无法借助市场价值直接评估，我们采用了类似后者的做法，同时考虑到样本期较短，因此采用了 ROA 或者 ROE 三年滚动标准差的计算，来表征公司总体风险情况，见表 5.1。

表 5.1　风险变量设定依据

风险变量	定　义	研 究 使 用
投资风险	根据 RBC 监管规定，对债券、股票、房地产投资、短期投资等资产进行权重赋值加总后除以总资产	Born (2009)； Cheng & Weiss (2011)
	根据股票市场风险的收益波动进行测算	Baranoff et al. (2007)； Shim (2010, 2015)； Baranoff & Sager (2011)

续表

风险变量	定　义	研究使用
投资风险	借鉴银行计算风险资产占比的方法，选取保险公司财务报表中给出的交易性金融资产、衍生金融资产、可供出售金融资产与投资资产之比，表征高风险资产所占比重	Aggarwal & Jacques(2001)；王丽珍(2015)
	短期投资资产占比，包括普通股、优先股、抵押贷款、风险债券、现金等；投资与股票和低等级债券的资产比例；股票/可投资资产	Yu et al.（2008）；Harrington et al.（1986, 1994）；Lee et al.（1997）；Gaver & Pottier(2005)；Zou et al.（2012）
承保风险	综合成本率，等于损失率+费用率；单独使用损失率或费用率	Cummins & Sommer（1996）最早使用；Adams & Buckle（2003）；Zou et al.（2012）
	综合成本率、费用率或损失率的五年标准差	Lamm-Tennant & Stark（1993）；Yu et al.（2008）；Yanase & Lai（2008）
	使用 Value at Risk 方法计算	Baranoff（2010）
总体风险	ROA、ROE 的 3~5 年滚动标准差	Yu et al.（2008）；Yanase & Lai（2008）；Cheng et al.（2011）；Ho, Lai, & Lee（2013）；Upadhyay(2015)；Pasiouras & Gaganis（2013）；Eling & Marek(2014)
	股票收益标准差；Value at Risk；Beta 值	Ren & Schmit(2009)

3. 其他控制变量

研究表明，规模、杠杆率和业务集中度等变量会影响公司的经营状况，因此我们将这些变量视为控制变量，加入以上的计量模型，具体见表5.2。

表 5.2 控制变量的设定

变量	定 义	前 人 研 究
规模	总资产的自然对数	Cummins & Nini，2002
杠杆率	总负债/总资产	Acharya et al.，2010
保费增长率	(期末保费–期初保费)/期初保费	Laeven & Levine，2007
是否中资	虚拟变量，若为中资公司则为1，否则为0	郑苏晋等，2015；雷鸣等，2015
业务集中度①	公司当年各类业务在所有业务中占比的平方和	Mayers & Smith，1990；Xie et.，2017
经营时间	从公司成立或进入我国市场到样本年度时间差的自然对数	赵桂芹和吴洪，2003
是否集团子公司	虚拟变量，若为集团子公司则为1，否则为0	Mayers & Smith，1990

(三) 描述性统计

描述性统计，见表 5.3。

表 5.3 描述性统计

变量	观测值	均值	中位数	标准差	最小值	最大值
ROA	388	−0.0092	0.0012	0.0313	−0.1783	0.1058
ROE	388	0.0159	0.0138	0.8975	−1.8603	15.4515

---

① 我们将寿险公司的业务按普通寿险分红险、投连万能和健康意外险划分为三大类。

续表

变量	观测值	均值	中位数	标准差	最小值	最大值
投资收益率	388	0.0475	0.0434	0.0219	-0.0054	0.2001
综合费用率	388	0.7559	0.3067	2.6114	-1.8000	24.5810
综合赔付率	388	0.6421	2.1363	0.2636	0	1
ROA 三年标准差	388	0.0152	0.0090	0.0170	0.0001	0.1248
ROE 三年标准差	388	0.1894	0.0670	0.5867	0.0014	9.1531
声誉指数	388	0.0000	-1.8975	18.5612	-75.0182	69.7695
规模	388	9.9678	9.8644	1.8736	6.2660	14.4950
经营时间	388	2.0923	2.1972	0.5386	0.6931	3.1781
中资公司	388	0.5670	1	0.4961	0	1
杠杆率	388	0.1441	0.1157	0.1157	-0.16566	0.7611
保费增长率	388	2.2086	13.6437	13.6437	-4.87680	126.2832
险种集中度	375	0.6599	0.2173	0.2173	0.008315	1
集团公司	386	0.3420	0	0.4750	0	1

数据来源：根据保险公司年度报告、中国保险年鉴原始数据测算得出。

三、实证结果

接着，我们采用计量模型，在控制了其他经营因素的影响后，考察声誉指数对寿险公司经营状况的影响，具体见表 5.4。实证结果表明，寿险公司的声誉指数越高，资产回报率越高（0.0003**），说明公司声誉状况越好，总体绩效越高（尽管 ROE 结果不显著）。此外，寿险公司声誉指数和综合赔付率（-1.052***）、总体经营风险（ROA 三年标准差，-0.0001*；ROE 三年标准差，-0.0061***）呈显著负相关关系。这些基本符合研究假设 H_1 和 H_4。然而，保险公司的声誉指数和投资收益率呈显著负相关关系（-0.0004***），和综合费用率呈显著正相关关系（0.0673*）。

表 5.4 声誉风险对寿险公司经营状况的影响(主成分分析)

模型	(1)	(2)	(3)	(4)	(5)	(6)	(7)
变量	ROA	ROE	投资收益率	综合费用率	综合赔付率	ROA 三年标准差	ROE 三年标准差
声誉指数	0.0003**	−0.0011	−0.0004***	0.0673*	−1.052***	−0.0001*	−0.0061***
	(0.0001)	(0.0023)	(0.0001)	(0.0386)	(0.4010)	(0.0001)	(0.0018)
规模	0.0097***	0.0634**	0.00783***	−1.067**	9.632*	−0.0019*	−0.0807***
	(0.0016)	(0.0269)	(0.0014)	(0.4670)	(4.9620)	(0.0010)	(0.0244)
经营时间	0.0084**	0.0539	0.00203	−0.526	9.524	−0.0096***	0.104*
	(0.0037)	(0.0541)	(0.0029)	(0.9550)	(10.4000)	(0.0022)	(0.0556)
中资公司	−0.0099*	−0.0753	0.00212	1.004	−0.556	0.003	0.292***
	(0.0052)	(0.0681)	(0.0038)	(1.2190)	(13.5700)	(0.0031)	(0.0792)
杠杆率	0.0118	0.0989	0.0371***	−1.942	50.59	0.0112	−1.044***
	(0.0132)	(0.2450)	(0.0122)	(4.2210)	(44.2600)	(0.0084)	(0.1980)
保费增长率	4.91E-05	−7.40E-05	6.04E-05	−0.00266	−0.0912	4.96E-05	−0.00117
	(0.0001)	(0.0016)	(0.0001)	(0.0273)	(0.2760)	(0.0000)	(0.0011)
险种集中度	−0.0071	−0.0827	0.0017	−6.065***	32.4	0.0029	−0.122
	(0.0068)	(0.1240)	(0.0062)	(2.1360)	(22.4100)	(0.0043)	(0.1010)
集团公司	−0.0070*	−0.0151	−0.0013	0.58	−0.295	0.0066***	0.0771
	(0.0042)	(0.0560)	(0.0032)	(1.0050)	(11.2000)	(0.0025)	(0.0640)
常数项	−0.112***	−0.680**	−0.0417***	15.75***	−139.1**	0.0459**	0.793***
	(0.0170)	(0.3230)	(0.0158)	(5.5130)	(57.3600)	(0.0108)	(0.2540)
观测值	374	374	374	374	374	374	374
R 平方	0.4435	0.0586	0.1392	0.0355	0.0225	0.2885	0.1853

注:***、**、* 分别表示参数估计在 1%、5%、10%的显著性水平下是显著的,( )内为经异方差调整后的标准差值。

分析 2010—2016 年外部宏观环境和寿险行业的整体运行状况,声誉指数较低的经营激进型公司(如前海人寿、华夏人寿等)一方面通过银行保险出售中短期理财险扩大承保规模;另一方面通过积极举牌扩大权益类投资。这种资产驱动负债型经营模式,通过 2013—2016 年证券市场的大幅波动取得了极高的股票收益率。与之相反，传统型寿险公司（如中国人寿、新华人寿等）主要依靠内部团队销售普通寿险保单，综合费用率虽然高于激进型公司，但综合赔付率、整体经营风险都会显著低于激进型公司。换句话说，激进型公司之所以声誉风险高、经营风险高，是因为资产负债型经营模式需要借助于外部经济环境、监管环境才能获得预期收益。而情势发生逆转后，公司的声誉风险极易引发退保潮，公司自有资本无法满足万能险保单的刚性兑付，只能依靠监管部门、保险保障基金救助，造成极为严重的社会损失。

四、稳健性检验

然后，本书使用组合赋权法计算出的声誉指数来度量保险公司声誉指数，使用类似指标检验保险公司声誉对经营状况的影响（见表5.5）。比较表5.4和表5.5，我们发现，声誉指数越高的寿险公司，综合费用率越低（-0.0164），这和前文中的实证结果有细微的差异。我们认为原因如下：使用组合赋权法得出的声誉指数较高的公司主要为人寿、平安、太保等传统大型公司，或是得到银行系资本注入而资产规模急速扩张的银行系保险公司。这些公司更加注重承保业务的稳健发展，享有个险、银邮渠道的便利，因而综合费用率在行业中偏低，符合大型寿险公司一贯坚持的承保投资业务平衡发展的理念。

表 5.5　声誉风险对寿险公司经营状况的影响（组合赋权法）

模型	(1)	(2)	(3)	(4)	(5)	(6)	(7)
变量	ROA	ROE	投资收益率	综合费用率	综合赔付率	ROE 三年标准差	ROA 三年标准差
声誉	0.0002*	-0.0006	-0.0004***	-0.0164	-0.0033***	-0.0042**	-9.99E-05
指数	(0.0001)	(0.0024)	(0.0001)	(0.0127)	(0.0012)	(0.0019)	(0.0001)
规模	0.0099***	0.0598**	0.0079***	-0.2330	-0.0011	-0.0954***	-0.0022**
	(0.0016)	(0.0271)	(0.0014)	(0.1420)	(0.0158)	(0.0247)	(0.0010)

续表

模型	(1)	(2)	(3)	(4)	(5)	(6)	(7)
变量	ROA	ROE	投资 收益率	综合 费用率	综合 赔付率	ROE 三 年标准差	ROA 三 年标准差
经营	0.0089**	0.05	0.0023	−0.0058	0.0349	0.0936*	−0.0099***
时间	(0.0037)	(0.0542)	(0.0029)	(0.2850)	(0.0357)	(0.0561)	(0.0023)
中资	−0.0095*	−0.0747	0.0022	0.804**	−0.0026	0.291***	0.0030
公司	(0.0052)	(0.0681)	(0.0038)	(0.3590)	(0.0509)	(0.0801)	(0.0031)
杠杆率	0.0132	0.0749	0.0343***	1.556	0.801***	−1.113***	0.0094
	(0.013)	(0.239)	(0.012)	(1.254)	(0.127)	(0.198)	(0.008)
保费	6.97E-05	−5.48E-06	0.0001	−0.0041	−0.0010	−0.0011	5.27E-05
增长率	(0.0001)	(0.0018)	(0.0001)	(0.0096)	(0.0008)	(0.0013)	(0.0001)
险种	−0.00618	−0.0873	0.000538	−2.741***	−0.327***	−0.151	0.00224
集中度	(0.0068)	(0.1240)	(0.0061)	(0.6470)	(0.0650)	(0.1020)	(0.0043)
集团	−0.00639	−0.0197	−0.000996	0.720**	−0.00504	0.0591	0.00619**
公司	(0.0042)	(0.0562)	(0.0032)	(0.2960)	(0.0414)	(0.0651)	(0.0026)
常数项	−0.116***	−0.629**	−0.0422***	3.905**	0.688***	0.997***	0.0504***
	(0.0169)	(0.3190)	(0.0156)	(1.6690)	(0.1630)	(0.2540)	(0.0108)
观测值	374	374	374	374	374	374	374
R 平方	0.4371	0.0581	0.1447	0.0336	0.0233	0.1671	0.2867

注：***、**、* 分别表示参数估计在1%、5%、10%的显著性水平下是显著的，( )内为经异方差调整后的标准差值。

第二节 保险公司声誉风险指数对经营状况的影响

一、寿险公司声誉风险指数

静态分析已经表明，声誉指数能够反映寿险公司当年的声誉风险。本书继续从动态角度出发，应用期望波动理论测算寿险公司的声誉风险指数。借鉴 *Z-score* 和夏普指数测量方法，我们对声誉指数进行相应的统计变换，寿险公司声誉风险指数由式（5.2）得出，其中 repindexmean 和 $\sigma_{repindex}$ 分别为保险公司连续三年的滚动均值和滚动标准差。

$$\text{Reputation Risk}_{i,t} = \left| \frac{\text{repindex}_{mean} - \text{repindex}_{i,t}}{\sigma_{\text{repindex}_{i,t}}} \right| \tag{5.2}$$

期望波动理论表明，低声誉和高声誉公司都会因为声誉急剧波动而造成风险的增加，但是高声誉公司的损失更多（Burgoon & LePoire，1993；Heath & Chatterjee，1995）。①期望波动效应。随着优质公司声誉水平持续增加，外界对它的期望声誉也会越来越高，一旦遭遇突发性的负面声誉事件，公司面临的声誉风险会远远高于一直维持低声誉的公司。Rhee & Haunschild（2006，2009）以美国汽车制造业召回数据进行实证分析，研究结果表明，享有极高声誉的汽车制造商陷入"质量门"被迫召回问题车辆后，声誉波动所带来的市场损失远远高于低声誉企业。同理，外界对低声誉公司的期望已经位于底部，如果没有重大恶性声誉事件，这类公司的声誉风险并不会超出合理阈值。②媒体关注度。只有当大公司的产品质量出现问题时，才会得到公众的广泛关注，而媒体也倾向渲染高声誉公司受到的负面冲击。所以，高声誉公司需要在声誉维持上背负更多的责任。基于此，本书将统计结果进行绝对值处理，Reputation Risk$_{i,t}$ 值越小，表明公司声誉状况变化越小，声誉风险指数越小。

声誉风险指数显示了声誉风险动态变化的过程，公司声誉指数的变化幅度越小，声誉风险就越低。寿险公司声誉风险指数与声誉指数（见表5.6）既有区别又有联系，例如，中国人寿的声誉指数排名第1位，而声誉风险指数仅列第17位。作为我国声誉状况最好的寿险公司，中国人寿如果遭遇突发性的声誉事件（违法违规被监管机构处罚或陷入其他"理赔门"），潜在投保人对它的声誉评价将立刻从极高值降到极低值①，

---

①　中国人寿过往享有的好声誉会提高潜在客户对其保险服务的预期评价。潜在投保人对中国人寿的预期评价类似于隐含价值，一旦声誉事件发生，投保人对它的预期评价则会迅速反转；相反，潜在投保人对低声誉公司的预期评价本来就不高，这种隐含价值并不明显。

期望声誉的变化尤为剧烈，继而影响公司市值，造成的声誉损失也远远超过其他中小型公司。所以，表5.6的统计结果显示了传统声誉机制理论(静态)和期望波动理论下寿险公司声誉风险(动态)的情况，两者既可以相互印证又可以相互比较，为实证分析声誉风险和寿险公司经营状况的相关性提出不同的研究角度。

表 5.6　寿险公司声誉、声誉风险指数及排名①

保险公司	声誉指数	排序	声誉风险	排序	保险公司	声誉指数	排序	声誉风险	排序
中国人寿	60.74	1	0.8631	17	中美联泰	-2.68	31	0.9474	35
平安人寿	42.96	2	0.9228	30	国华人寿	-3.23	32	0.7367	6
太平洋人寿	33.95	3	0.9626	38	农银人寿	-3.60	33	0.8902	22
太平人寿	26.60	4	0.8199	13	北大方正	-3.94	34	0.5743	1
泰康保险	24.03	5	1.1450	52	正德人寿	-4.88	35	0.7038	3
中国人民人寿	23.99	6	1.1386	51	英大泰和	-5.37	36	0.9003	25
新华人寿	23.80	7	0.9025	27	恒安标准	-6.35	37	0.7493	9
美国友邦	15.64	8	0.8841	19	百年人寿	-6.46	38	0.8225	15
中宏人寿	14.68	9	0.9142	28	同方全球	-8.39	39	0.9288	31
富德生命	12.97	10	0.8221	14	前海人寿	-8.85	40	—	—
人民健康	11.75	11	0.9350	32	汇丰人寿	-8.94	41	0.6584	2
和谐健康	8.49	12	0.7442	7	华夏人寿	-9.96	42	0.8773	18
阳光人寿	7.70	13	0.8387	16	利安人寿	-10.03	43	1.3042	56
建信人寿	7.67	14	1.0920	47	中银三星	-12.31	44	0.9166	29
民生人寿	7.53	15	0.8919	24	长城人寿	-12.59	45	0.9717	40
招商信诺	5.37	16	0.8027	12	陆家嘴国泰	-12.74	46	0.9833	42

①　由于测算方法不同，声誉指数的样本区间为2010—2016年，声誉风险指数的样本区间为2012—2016年。前海人寿、珠江人寿、弘康人寿和吉祥人寿因为样本区间有限，无法得出声誉风险的有效估计，故而省略。

续表

保险公司	声誉指数	排序	声誉风险	排序	保险公司	声誉指数	排序	声誉风险	排序
安邦人寿	4.11	17	1.1492	53	幸福人寿	−13.00	47	0.9007	26
交银康联	4.01	18	0.8878	21	恒大人寿	−13.78	48	0.9456	34
光大永明	3.40	19	1.1813	54	信泰人寿	−14.18	49	0.9508	36
工银安盛	2.55	20	1.1312	50	珠江人寿	−14.49	50	—	
信诚人寿	2.15	21	0.7333	5	中融人寿	−16.60	51	0.7572	10
合众人寿	1.46	22	0.9364	33	长生人寿	−16.90	52	0.9972	43
中英人寿	0.69	23	0.9710	39	瑞泰人寿	−17.24	53	0.8907	23
中德安联	0.17	24	1.0519	45	弘康人寿	−18.72	54		
华泰人寿	−0.45	25	0.7328	4	昆仑健康	−20.47	55	0.9720	41
中邮人寿	−0.56	26	1.7081	46	君龙人寿	−21.32	56	1.1145	49
中意人寿	−0.77	27	0.9611	37	吉祥人寿	−23.16	57	—	
中荷人寿	−0.98	28	0.7459	8	东吴人寿	−24.20	58	1.0407	44
平安健康	−1.15	29	0.8874	20	新光海航	−38.28	59	1.2642	55
天安人寿	−2.49	30	0.7579	11	中法人寿	−38.90	60	1.1128	48

二、寿险公司声誉风险对经营状况的影响

(一)模型设定、变量选择

根据前文所述,我们认为声誉指数和声誉风险指数可以从两个既有联系又有区别的方向反映寿险公司声誉风险的情况:①声誉指数越高,公司声誉风险越低;②声誉状况波动越剧烈,声誉风险指数越高。以此为基础,我们设定模型来考察寿险公司声誉风险指数对经营状况(包含公司总体绩效、投资业务、承保业务)的影响,计量模型如式(5.3)所示:

$$Op_{i,t}=\beta_0+\beta_1 \text{reputationrisk}_{i,t}+\beta_2^T X_{i,t-1}+\varepsilon_{it} \qquad （5.3）$$

$Op_{i,t}$ 为公司 i 在第 t 年的经营状况，ε_{it} 为误差项，$\text{reputationrisk}_{i,t}$ 为寿险公司声誉风险指数，这一指标在前期设定时已经包含了声誉指数前两年的信息，所以没有再进行滞后一期的处理。为消除内生性问题，模型设计时对控制变量也进行了滞后一期处理。

（二）实证分析

除了研究声誉指数对经营状况的影响，本书进一步实证分析声誉波动情况对寿险公司经营绩效的影响（见表 5.7）。实证结果表明，寿险公司的声誉波动情况和总体绩效、投资收益率（投资绩效）以及融资系数（承保绩效）之间呈显著负相关关系。换句话说，寿险公司声誉状况变化越剧烈，越会拉低公司的经营绩效。

表 5.7　声誉风险对寿险公司经营状况的影响（动态）

模型	（1）	（2）	（3）	（4）
变量	*ROA*	*ROE*	投资收益率	融资系数
声誉风险	-0.0067***	0.0335	-0.0067**	-0.0318*
指数	（0.0024）	（0.0639）	（0.0028）	（0.0263）
上期	0.0096***	0.0477*	0.0020	-0.0444**
规模	（0.0015）	（0.0278）	（0.0012）	（0.0174）
上期	0.0040	0.0012	-0.0046	0.0879*
经营时间	（0.0044）	（0.0791）	（0.0035）	（0.0505）
中资公司	-0.0134**	-0.102	0.0060	0.1130*
	（0.0052）	（0.0910）	（0.0040）	（0.0611）
上期	-0.0012	-0.3110	0.0259*	-0.3020
杠杆率	（0.0172）	（0.3480）	（0.0153）	（0.1940）
上期	-0.0002	-0.0012	0.0004***	0.0001
保费增长率	（0.0001）	（0.0026）	（0.0001）	（0.0011）
上期	0.0043	-0.0040	0.0027	-0.1760**

续表

模型	（1）	（2）	（3）	（4）
变量	*ROA*	*ROE*	投资收益率	融资系数
险种集中度	（0.0078）	（0.1770）	（0.0078）	（0.0875）
集团公司	−0.0026	−0.0402	−0.0007	−0.0149
	（0.0040）	（0.0686）	（0.0030）	（0.0467）
常数项	−0.0956***	−0.3750	0.0380***	0.7850***
	（0.0164）	（0.3320）	（0.0147）	（0.1870）
观测值	257	257	257	257
R 平方	0.3626	0.0382	0.1374	0.0210

注：***、**、* 分别表示参数估计在1%、5%、10%的显著性水平下是显著的，( )内为经异方差调整后的标准差值。

现实中，寿险行业一直维持着寡头垄断的格局，人寿、平安、太保等大型公司牢牢占据着市场份额的六成左右，比中小公司更加注重经营稳健、资产负债匹配和承保质量，声誉风险的波动情况比较小，故而实证结果也能印证这种现状。换句话说，虽然资产驱动负债型的寿险公司在承保规模、投资收益率的提高上确实优于传统型公司，但是寿险公司只有依靠稳健经营降低声誉波动情况，才能更符合"保险姓保"的行业长期发展目标。

三、稳健性检验

寿险公司声誉风险指数由式(5.4)计算得到，其中 repcr、repcr_{mean} 和 $\sigma_{\text{repcr}_{i,t}}$ 分别为保险公司声誉指数的变化率、变化率连续三年的滚动均值和滚动标准差。

$$\text{Reputation\_risk}_{i,t} = \frac{\text{repcr} - \text{repcr}_{mean}}{\sigma_{repcr}} \qquad (5.4)$$

显然，该声誉风险指数可以显示声誉风险动态变化的过程，公司声誉指数的变化幅度越小，声誉风险就越低，反之亦然。表 5.8 显示了期望波动理论下寿险公司声誉风险(动态)的情况。寿险公司声誉风险指数与声誉指数既有区别又有联系，例如，中国人寿的声誉指数排名第 1 位，而声誉风险指数仅列第 12 位。作为我国知名度最高的寿险公司，如果中国人寿遭遇突发性的声誉事件(违法违规被监管机构处罚或陷入其他"理赔门")，潜在投保人对它的声誉评价将立刻从极高值降到极低值，期望声誉的变化尤为剧烈，继而影响公司市值，造成的声誉损失也远远超过其他中小型公司。

表 5.8　声誉风险对保险公司经营状况的影响(组合赋权法)

保险公司	声誉指数	排序	声誉风险	排序	保险公司	声誉指数	排序	声誉风险	排序
中国人寿	78.93	1	0.083	12	汇丰人寿	53.14	32	-0.175	29
平安人寿	78.14	2	-0.288	37	同方全球	53.12	33	0.152	4
太平洋人寿	75.99	3	-0.393	42	工银安盛	52.91	34	-0.175	30
新华人寿	72.82	4	-0.278	35	农银人寿	52.86	35	0.117	5
泰康保险	70.60	5	-0.404	43	安邦人寿	51.83	36	-1.101	55
太平人寿	69.63	6	0.100	8	长城人寿	51.63	37	0.064	14
人民人寿	69.55	7	0.078	13	幸福人寿	51.33	38	0.028	15
美国友邦	64.52	8	-0.558	46	平安健康	51.31	39	-0.032	22
中宏人寿	64.44	9	-0.018	20	和谐健康	50.88	40	-0.842	53
民生人寿	63.01	10	-0.327	41	华夏人寿	50.75	41	0.6584	2
富德生命	62.72	11	-0.284	36	君康人寿	50.35	42	-0.161	27
阳光人寿	61.18	12	-0.315	39	北大方正	50.35	43	-0.006	19
中荷人寿	60.74	13	-0.106	24	信泰人寿	50.33	44	0.088	10
人民健康	60.74	14	-0.248	34	吉祥人寿	50.24	45	—	—
华泰人寿	60.21	15	-0.906	54	中银三星	50.05	46	0.153	3

续表

保险公司	声誉指数	排序	声誉风险	排序	保险公司	声誉指数	排序	声誉风险	排序
合众人寿	58.90	16	0.116	6	东吴人寿	50.01	47	—	—
建信人寿	58.80	17	-0.199	32	前海人寿	49.62	48	—	—
光大永明	58.43	18	0.084	11	利安人寿	49.02	49	-0.586	47
招商信诺	57.40	19	0.114	7	瑞泰人寿	47.99	50	-0.174	28
信诚人寿	57.22	20	-0.181	31	恒大人寿	47.96	51	-0.691	49
交银康联	56.98	21	-0.019	21	中融人寿	47.66	52	-0.612	48
中邮人寿	56.81	22	-0.545	33	弘康人寿	47.18	53	—	—
恒安标准	56.53	23	-0.503	44	渤海人寿	46.54	54	—	—
中英人寿	56.34	24	-0.310	38	陆家嘴国泰	46.21	55	0.008	17
天安人寿	55.41	25	0.091	9	君龙人寿	45.91	56	0.017	16
中意人寿	54.98	26	-0.202	33	昆仑健康	45.42	57	-0.107	25
中美联泰	54.98	27	-0.320	40	珠江人寿	45.37	58	—	—
百年人寿	54.45	28	-0.750	50	长生人寿	44.43	59	0.005	18
中德安联	54.30	29	0.332	1	新光海航	40.34	60	-0.753	51
英大泰和	54.22	30	-0.038	23	中法人寿	39.24	61	-0.807	52
国华人寿	53.39	31	-0.117	26					

我们检验了声誉风险对寿险公司经营状况的影响，见表5.9。实证结果表明，寿险公司的声誉风险和总体绩效、投资收益率以及承保质量之间呈显著正相关关系，即保险公司声誉变化越平稳，越有利于公司的整体经营。多年来，我国寿险行业维持着寡头垄断的格局，人寿、平安、太保等大型保险公司牢牢占据着市场份额的六成左右，相对于中小公司，这些大型公司更加注重稳健经营、资产负债匹配和承保质量控制，声誉波动情况比较小，实证结果也表明这种经营方式更具有持续

性，有助于防范化解系统性风险。虽然资产驱动负债型经营模式的保险公司在扩大承保规模、提高投资收益上确实优于传统型公司，但是保险公司只有依靠稳健经营，缓和声誉剧烈波动，才更符合"保险姓保"的行业长期发展目标。

表 5.9 声誉风险对保险公司经营状况的影响①（组合赋权法）

模型	（1）	（2）	（3）	（4）
变量	*ROA*	*ROE*	投资收益率	承保质量
声誉风险（正向）	2.1076*	1.9566	0.0275**	0.0984*
	（1.8071）	（1.3171）	（2.3465）	（1.7456）
上期规模	0.3354	−0.2216	0.0087***	0.1425***
	（1.2413）	（−0.6440）	（3.2023）	（3.1596）
经营时间	2.0944	3.5838**	−0.0181	−0.2283
	（1.4862）	（1.9966）	（−1.2783）	（−0.9703）
中资公司	1.9417	3.1956	−0.0096	−0.2819
	（1.0288）	（1.3293）	（−0.5081）	（−0.8946）
上期杠杆率	−4.9449**	−10.6734***	−0.0128	0.7142**
	（−2.3727）	（−4.0208）	（−0.6143）	（2.0521）
上期保费增长率	−0.0195	−0.0378	0.0011	−0.0216
	（−0.2034）	（−0.3101）	（1.0990）	（−1.3528）
上期险种集中度	0.9463	1.5528	−0.0006	0.4254***
	（1.0274）	（1.3236）	（−0.0660）	（2.7659）
集团公司	0.4108	0.7135	0.0066	−0.0515
	（0.4930）	（0.6722）	（0.7872）	（−0.3698）
常数项	−11.0446**	−8.2318	−0.0337	−0.9254
	（−2.4671）	（−1.4437）	（−0.7497）	（−1.2379）

---

① 本书使用声誉指数变化率作为解释变量进行稳健性检验，结果与表 5.9 相同。限于文章篇幅有限，未在正文列示。

续表

模型	（1）	（2）	（3）	（4）
变量	*ROA*	*ROE*	投资收益率	承保质量
观测值	257	257	257	257
R 平方	0.7326	0.7462	0.5563	0.4797
个体固定效应	已控制	已控制	已控制	已控制
年度固定效应	已控制	已控制	已控制	已控制

注：＊＊＊、＊＊、＊ 分别表示参数估计在 1%、5%、10% 的显著性水平下是显著的，（ ）内为 *t* 值。

第三节　本章小结

通过对比保险行业过去几年的声誉风险情况，我们发现，虽然保险公司、保险行业声誉风险指数的设计源于微观指标，但它可以有效反映中观风险。根据集体声誉理论，行业声誉"一损俱损，一荣俱荣"，个体保险公司的声誉风险具有传染效应，会导致寿险行业集体声誉降低，发生行业声誉风险；声誉风险还会和流动性风险及政治风险交叉传染，存在触发系统性风险的可能。

第一，保险公司声誉指数越高，总体绩效越好；声誉指数低的保险公司虽然可以提高投资绩效，却加剧了总体经营风险。

第二，在声誉指数的基础上，本书根据期望波动理论得出寿险公司 2012—2016 年的声誉风险指数。结果显示，寿险公司的声誉波动越剧烈，声誉风险越高。

第三，寿险公司的声誉波动越剧烈，越不利于提高经营绩效、投资绩效和承保绩效，即声誉波动和公司经营状况呈显著负相关关系。

第六章 保险行业声誉风险的度量

在第四、第五章中，本书以声誉指数(静态)和声誉风险指数(动态)的方式对公司声誉风险进行度量。本章将会从保险行业的角度对声誉风险进行度量，首先，在保险公司声誉风险指数的基础上得出保险行业声誉风险指数；然后，通过事件研究法测算出重大声誉事件对保险行业造成的集体声誉损失。

第一节 我国寿险行业声誉风险指数

一、寿险行业声誉风险

除了对寿险公司声誉风险指数进行评估，我们也将寿险行业的声誉风险指数进行了统计，以此来考察 2012—2016 年寿险行业声誉风险的波动情况(见表 6.1)。寿险行业声誉风险指数的均值在 2014 年最小，而在 2013 年最大，整个行业的声誉风险指数并没有随中小公司数目的增加而降低(Winfree & Mccluskey，2005)。

表 6.1 寿险行业声誉风险指数

声誉风险指数	2012 年	2013 年	2014 年	2015 年	2016 年
样本公司数	46	52	54	55	58
寿险行业	43.8589	56.2935	42.0643	47.5711	51.8602

续表

声誉风险指数	2012 年	2013 年	2014 年	2015 年	2016 年
平均	0.9535	1.0826	0.7790	0.8649	0.8941
中位数	1.0965	1.2931	0.8305	0.9448	0.9374
最大值	1.4141	1.4140	1.4043	1.4142	1.4140
最小值	0.0236	0.0394	0.0051	0.0691	0.0085

　　结合外部宏观环境分析，监管部门从 2012 年逐步对保险业放松管制，包括保险牌照发放、保险资金投资运用和保险公司治理等方面，这在一定程度上促进了寿险公司在 2014 年和 2015 年的繁荣，促进了寿险行业整体声誉的提高。但是，金融监管机构自 2016 年末起全面整顿寿险行业的种种弊端和乱象，加大了对保险公司违法违规行为的处罚力度，从而导致了行业声誉风险的增加。尽管声誉指标的选取是基于中、微观层面，但根据统计结果，我们认为寿险行业声誉风险指数能够反映行业声誉状况的变动，以及外部经济和监管环境对行业的冲击情况，从而能对寿险行业声誉风险的趋势做出合理的预判。

二、稳健性检验

　　保险公司发生声誉风险后，利益相关者对行业内其他保险机构的预期也会产生相应变化，集体声誉的负外部性效应造成"城门失火，殃及池鱼"的情况，意味着特定保险公司的声誉风险跨越了个体边界，对其他保险公司产生了负面影响，这被称作声誉风险的传染效应。传染效应可能会导致个体保险公司的声誉风险演变为保险行业声誉风险。

　　我们应用之前组合赋权法测算出的保险公司声誉风险，继续度量保险行业声誉风险，以此来考察 2013—2017 年寿险行业集体声誉的波动情况，作为稳健性检验，见表 6.2。保险行业声誉风险在 2014 年最低，而在 2016 年最高，实证结果验证了"行业集体声誉随中、小公司数目的增加而降低(Winfree & Mccluskey, 2005)的结论，即保险行业中存在

'搭便车'现象"。

表 6.2　2013—2017 年保险行业声誉风险变化情况

声誉风险	2013 年	2014 年	2015 年	2016 年	2017 年
样本公司数	47	52	54	55	59
均值	−0.2776	−0.0123	−0.1444	−0.3127	−0.2891
中位数	−0.3809	−0.0741	−0.2943	−0.4823	−0.3854
最大值	1.1443	1.1547	1.1545	1.1535	1.1543
最小值	−1.1541	−1.1546	−1.1545	−1.1499	−1.1544
5%分位数①	1.1351	1.1481	1.1097	1.0252	1.1237
95%分位数	−1.1467	−1.1479	−1.1466	−1.1449	−1.1465

注：声誉风险指数越高，声誉风险越低，以此来划分 5% 和 95% 的分位数。

三、系统性声誉脆弱机构的识别

本书进行面板数据分位数回归，对系统重要性机构进行排序。式 (6.1) 中，X^S 和 X^i 分别代表保险系统和保险公司 i 的声誉，VaR_q^i 为 X^i 在 $q\%$ 分位数处的值，保险系统的 $CoVaR_q^{S \mid C(X^i)}$ 为公司 i 在条件 $C(X^i)$ 下保险行业的 VaR，可以表示为条件概率分布在 $q\%$ 分位数下的值。

$$Pr(X^S \leq CoVaR_q^{S \mid C(X^i)} \mid C(X^i)) = q\% \tag{6.1}$$

我们用条件事件 $C(VaR_5^i)$ 表征 $X^i = VaR_5^i$ 时公司 i 处于困境状态，条件事件 $C(VuR_{50}^i)$ 为 $X^i = VaR_{50}^i$ 时公司 i 处于中位数状态。$\Delta CoVaR$ 具有方向性，$\Delta CoVaR_q^{i \mid S}$ 以保险系统的状态为条件，考察公司 i 的声誉风险变化，反映公司的系统脆弱性(Adrian & Brunnermeier，2016)。

$$\Delta CoVaR_q^{i \mid S} = CoVaR_q^{i \mid X^S = VaR_5^S} - CoVaR_q^{i \mid X^S = VaR_{50}^S} \tag{6.2}$$

---

①　本书将声誉风险指数从低到高进行排序，5%分位数表征声誉风险较低的公司。

式(6.2)具有方向性，即二者的离差越大，公司声誉风险越低，在系统中越稳健；反之，二者的离差越小，公司声誉风险越高，在系统中越脆弱。实证结果，见表6.3。

表 6.3　2010—2017 我国系统性脆弱性保险机构的识别

机构名称	脆弱性排序	中位数	标准差	最大值	最小值
中法人寿	1	-40.4177	18.3216	-13.1963	-63.4966
新光海航	2	-30.8527	18.3071	-24.7070	-77.4892
东吴人寿	3	-20.0472	10.0988	-12.6547	-36.7968
昆仑健康	4	-22.4243	9.8111	-3.0640	-32.4994

不同于系统性重要机构，本书测算出的系统性声誉脆弱机构，并非资产规模大、杠杆率高或是业务规模大的保险机构，而是在样本区间内出现重大声誉事件导致经营风险的保险公司。中法人寿和新光海航面临偿付能力不足、股东增资意向无法达成一致的困境。东吴人寿和昆仑健康则是典型的资产驱动负债型经营模式的公司。虽然这些机构的系统重要性无法和中国人寿、中国平安等大型保险公司相比，但它们反映了我国保险业发展过程中出现的典型问题，需要监管机构重点观察，防止风险进一步扩大。

如果具体分析 2010—2017 年外部宏观环境和寿险行业的整体运行状况，我们就会发现，声誉风险较高但偿付能力较低的寿险公司，普遍采取资产驱动负债型经营模式。它们一方面使用银行渠道出售中短期理财险扩大承保规模，另一方面通过积极举牌扩大权益类投资(仲赛末和赵桂芹，2018)。而这种资产驱动型的经营模式，受益于外部经济环境(2013—2016 年证券市场的大幅波动)，取得了极高的投资收益率。与之相反，传统型(负债驱动资产型)寿险公司(如中国人寿、平安人寿等)主要依靠个险渠道销售产品，综合费用率虽然高于经营激进型公司，但整体经营风险显著低于激进型公司。换句话说，经营激进型公司之所以声誉风险高、经营风险高，是因为资产驱动负债型经营模式需要借助于良好的外部经济环境和行业发展才能获得超高的预期收益。当金融市场形势发生逆转后，保险公司前期累积的声誉风险容易引发退保潮（例如万能险的保证收益率低于预期，被保险人要求提前兑付保单）。如果寿险公司自有资本无法满足万能险保单的刚性兑付，保险公司声誉风险还可能触发流动性风险甚至系统性风险，届时需要依靠保险保障基金救助，不但损害行业发展，还会造成社会福利的巨大损失（次贷危机时，美国政府花费大量资金对 AIG 实施救助）。

第二节　我国保险行业重大声誉事件的概况

一、总体概况

2013—2016 年，在"低利率""资产荒"的宏观经济环境下，保险市场不断分化，一些新兴①寿险公司选取资产驱动负债型经营模式，即在承保端集中业务于"理财化"的中短存续期人身险，在资产端使用万能险保费而非自有资金进行权益类投资，引发"险资举牌潮"和"海外收购潮"，被监管部门称为激进经营②。传统上，寿险公司以负债端的承保业务来驱动资产端的投资业务发展，其主要盈利模式在于先吸收负债端的保费，再在资产端进行稳健的财务投资；而非传统型公司则是先选择投资战略，寻找投资盈利计划，出售保险产品后，使用保费进行相应投资：这是负债驱动资产型经营模式和资产驱动负债型经营模式的本质区别（朱南军，2016）。

我国寿险公司的经营模式在过去几年出现分化，源于经济与社会环境的深刻变革给寿险资金运用带来的极大影响（朱南军和韩佳运，

---

① 借鉴国外对新兴市场（emerging market）的定义，新兴为中性词，指近年来业务突飞猛进的新开业公司。

② 根据 2018 年 1 月 31 日中国银保监会副主席陈文辉在保险资金运用贯彻落实全国保险兼顾工作精神专题培训会议的讲话归纳总结。

2016），可谓是偶然之中存在必然。按照传统经营模式，寿险公司从开业到盈利，可能需要 8~10 年，属于中长期投资。Preffer（1965）的研究表明，新开业寿险公司的股东行为具有很强的投机性。而在我国，民营资本的进入使得股东很难忍受这么长周期的投资，纷纷采用一些激进的创新方式来缩短投资回收期。个别新开业中小型寿险公司变传统的负债驱动资产型经营模式为资产驱动负债型经营模式，不惜违规开展业务、提高权益类投资比例，滚雪球般放大资产负债规模，已经将这个漫长的盈利周期，缩短至 2~3 年。

2013—2016 年，以安邦、恒大、前海为代表的激进型保险公司，违背保险公司经营规律，使用保费作为融资手段，在资本市场冒险投资，而个别险资大规模举牌蓝筹股、购买商业地产、进行海外投资又引发了羊群效应，新成立的中、小寿险公司争相模仿资产驱动负债型经营模式，导致证监会主席在 2016 年 12 月 3 日严厉批评其为"野蛮人""妖精"行为，从而引发了保险行业的一系列声誉事件，造成外界公众对保险业信任度如多米诺骨牌般倒塌。

二、保险行业重大声誉事件

对于必须依靠信用开展业务的保险公司而言，声誉对其持续经营至关重要。2013—2016 年，部分保险公司选取资产驱动负债型经营模式，将公司异化为融资平台，扰乱资本市场秩序，继而引发了一系列影响保险业发展的重大声誉事件，按时间顺序具体梳理情况如下。

1. 2016 年 12 月 3 日证监会主席发表讲话

2015 年中资本市场爆发"股灾"，股票市场流动性严重缺失，宝能系控股的前海人寿在"千股涨停""千股跌停"的救市期初次举牌万科，并未引起外界关注。2016 年初"熔断"后，证监会在"宝万之争"白热化后，首次发声"市场行为，不加干涉"，此后，恒大人寿、安邦保险也加入了举牌"万科 A"的行列，并陆续成为第二、三大股东。2016 年"七大保险系资金"带动东吴人寿、珠海人寿和上海人寿等新开业保险公司，不断扩大万能险承保规模，加大权益类投资。保险资金逐渐从股票市场的稳定器，变成频频举牌、争夺上市公司经营控制权的恶意投资代名词。而"野蛮人""妖精"论的舆论导向，使保险行业陷入集体声誉危机，甚至影响了人寿、平安、太保等传统型公司2017年在股票市场的正常投资。

2. 2016年12月22日浙商财险因"侨兴债"和广发银行陷入"萝卜章"风波

2014年末至2015年初，侨兴电信、侨兴电讯在广东金融高新区股权交易中心有限公司备案分别发行了各5亿元的私募债券，浙商财险为以上两笔私募提供了履约保证保险，合计保险金额11.46亿元，广发银行惠州分行向浙商财险承诺承担担保责任。2016年末至2017年初，侨兴债面临违约风险，浙商财险启动保证保险理赔，然而调查发现广发银行惠州分行出具的保函为假，存在员工私刻公章等重大违规行为，监管机构就此事对相关金融机构罚款22亿元左右，严令银行业、保险业进行业务整改。

3. 2017年1月24日中国保监会发布《关于进一步加强保险资金股票投资监管有关事项的通知》

受证监会主席讲话的影响，保监会紧急调整了保险资金股票投资的规定，特别修改了保险公司与非保险一致行动人之间的联动投资限额，防止保险公司成为控股股东的"融资平台"，继续帮助控股股东以较低成本杠杆收购上市公司。

4. 2017年2月24日保监会对恒大人寿、前海人寿开出罚单

2017年2月24日，中国保监会正式对恒大人寿、前海人寿编制虚假材料等情况进行处罚，更对前海人寿的实际控制人姚某某做出禁业10年的严厉处罚，标志着监管部门对"险资举牌"事件的态度就此发生转变。此后两年，监管部门对保险公司的违规行为不断加大处罚力度，从严治理保险行业。

5. 2017年4月10日原中国保险会主席项某某被调查

险资举牌引发争议后，证监会主席发表讲话公开批评，而保监会对

涉事保险公司的种种行为从原来的明确支持转为坚决反对，前后态度发生了180°的转变。作为"一行三会"首个被调查的负责人，原保监会主席项某某上任后的种种举措如下。

（1）调整保险资金权益类投资的上限

"山派""海派"经营模式的利弊虽一直有争论，但国内外保险公司始终遵循长期、稳健的投资原则，特别在2008年金融危机后尤为慎重。然而，我国监管部门2013年起提出"放开前端、管住后端"，不断放松保险资金对股票、期权、商业地产等高风险投资的限制。整个保险业银行存款和债券投资占比自2012年开始逐年下降，其中银行存款占比在2016年年末跌破20%。与此同时，权益类资产占比小幅上升，其他投资①增长迅猛，从2012年的9.47%达到了2016年的36.07%。

（2）放宽保险机构牌照发放

过去几年，监管机构发放保险机构牌照超过50张，还有200张在排队。此外，关于保险公司控股股东呈现出"国退民进"的趋势，而民营资本系控股保险公司后，存在不同程度的激进经营问题，个别寿险公司违法违规行为甚至扰乱了金融市场的稳定。

（3）费率市场化改革

2015年2月监管部门发布《关于万能型人身保险费率政策改革有关事项的通知》，不再强制规定保证利率的下限。可以说，正是有了以上监管政策的调整，保险公司选取资产驱动负债型经营模式才有了现实基础。表6.4梳理了寿险公司资产配置的主要政策。政策在2015年前后的调整导致个别公司甚至成为资本系的融资平台，为杠杆收购万科A、格力电器、伊利股份等优质上市公司提供了资金便利，但也被南玻A、廊坊发展等公司的管理层坚决抵制，造成了非常恶劣的社会影响，成为保监会原主席项某某被调查的导火索。

---

① 其他投资主要包括基础设施等各类债权、股权投资计划、不动产投资、保单质押贷款、信托、银行理财等投资产品。

表 6.4 2005—2018 年影响寿险公司资产配置的主要政策

时间	文 件	权益类投资限制
2005-02-07	《关于保险机构投资者股票投资有关问题的通知》	股票投资上限 5%
2010-08-11	《关于调整保险资金投资政策有关问题的通知》	权益类投资上限 25%
2014-01-23	《中国保监会关于加强和改进保险资金运用比例监管的通知》	权益类投资上限 30%
2015-07-08	《中国保监会关于提高保险资金投资蓝筹股票监管比例有关事项的通知》	单一蓝筹股上限 10%，权益类投资上限 40%
2017-01-24	《中国保监会关于进一步加强保险资金股票投资监管有关事项的通知》	对保险机构与非保险一致行动人投资进行限制
2013-04-16	《中国保监会关于〈保险公司股权管理办法〉第四条有关问题的通知》	持股比例可以超过 20%，但不得超过 51%
2018-03-07	中国保监会修订《保险公司股权管理办法》	单一持股比例上限降为 1/3

资料来源：中国银保监会网站。

6. 2017 年 10 月 1 日保监会发布 134 号文件，进一步纠正中短期"理财险"

资产驱动负债型寿险公司在万能险承保过程中丧失保障功能，逐渐异化为"中短期理财险"。针对这一问题，保监会紧急纠偏，一再强调"保险姓保"，整顿行业乱象。

7. 2018 年 2 月 22 日中国保监会接管安邦保险集团

2018 年 5 月安邦保险集团前董事长吴某被调查，此后，关于安邦保险的经营问题，《财新》《财经》等媒体有过报道。与此同时，外界对前海人寿的财务状况评估也不乐观，网络上多次出现"流动性危机"的报道。随着监管部门对中短期人身险业务的限制，两家公司都面临万能险到期、如何转型新业务的困境。

8. 2018 年 3 月 21 日中国银监会、中国保监会合并

最近几年，分业监管但实际混业经营的金融业使监管部门的稽查工作面临巨大挑战。中国银保监会的成立，标志着 1998 年就成立的保监会成为历史，也标志着我国金融监管"双峰模式"的雏形正式建立。受风俗文化影响，我国公众长久以来对保险的需求非常有限，保险的保障功能得不到有效发挥，确切而言，保险产品充当着储蓄的补充产品，而非替代品。根据统计数据，2017 年末银行业资产总额 252 万亿元，而保险业总资产约为 17 万亿元。银行业、保险业在监管权利、监管规模上均不匹配，就某种意义而言，所谓合并更像是银监会吞并了保监会。

9. 2018 年 4 月 4 日保险保障基金注资安邦保险 608.04 亿元

截至 2019 年，监管部门仍没有对外详细披露安邦保险集团的具体问题。安邦保险集团前董事长吴某某被调查，保监会接管安邦保险，保险保障基金对其注资 608.04 亿元，安邦保险集团才能保持注册资本 619 亿不变。安邦保险集团因此被外界诟病"10 亿元资本撬动 2 万亿资产"，而它涉及的"层层嵌套、虚假注资"等违规行为可能并非孤例，在当前"去杠杆"的金融监管大环境下，资产驱动负债型公司的经营模式一旦无法维持，就会陷入这种恶性循环，加剧行业系统性风险。

第三节　声誉事件对保险公司的影响

一、事件研究

(一)异常收益率

Cummins 等(2011)实证研究操作事件(包括声誉事件)对涉事保险人和非涉事保险人的影响，认为声誉事件具有外部性，会对和涉事公司经营业务类型相似的保险人产生传染效应(行业内部)，具体表现为上市保险公司市值下跌、潜在客户和现有客户转向竞争对手投保等。Fenn &

Cole(1994)和 Cowan & Power(2001)研究了 First Executive[1] 失败的案例，证实以信息为基础的传染效应曾在寿险业发生，持有大规模垃圾债券的寿险公司(类似 First Executive)在危机中遭受了更严重的影响。Lang & Stulz(1992)提出竞争效应的概念，认为涉事公司的声誉事件会导致作为竞争对手的非涉事公司遭受正向冲击，因为对负面消息应对不及时的涉事公司无法阻止顾客向竞争对手外流。若传染效应和竞争效应同时发生，正、负外部性的影响还会相互抵消，通过事件研究方法可以测量哪种效应起主导作用。

然而，不同于前人研究中可以具体量化操作风险的计算方法，本书中保险公司的声誉风险多数不是操作风险的结果，或者无法直接对应某家公司操作风险产生的损失。因此，本书直接将重大声誉事件发生后的异常收益率，作为声誉风险造成的保险行业声誉损失。我们使用最小二乘法估计在事件发生前(-270, -21)α_i、β_i 的值，通过测算保险公司在不同窗口期(-20, 20)、(-10, 10)、(-5, 5)和(-3, 3)的异常收益，来估计声誉事件对保险行业造成的声誉损失。

$$R_{it} = \alpha_i + \beta_i R_{mkt,t} + \in_{i,t} \tag{6.3}$$

$$AR_{i,0}(\text{Rep}) = R_{i,t} - \alpha_i - \beta_i R_{mkt} - \frac{\text{reputational loss}}{\text{market capitalization}} \tag{6.4}$$

$$AR_{i,t}(\text{Rep}) = R_{i,t} - \alpha_i - \beta_i R_{mkt} \tag{6.5}$$

$$CAR_{it}(\tau_1, \tau_0) = \sum_{t=\tau_0}^{\tau_1} AR_t^{it} \tag{6.6}$$

根据前述事件的情况，我们将研究对象确定为中国 A 股市场保险板块中的六家公司(按股票代码排序)：天茂集团(000627)、西水股份(600291)、中国平安(601318)、新华保险(601336)、中国太保(601601)和中国人寿(601628)，分别测算六家公司在这九次重大声誉事件发生后的异常收益率，见表6.5~表6.10。

---

[1] 一家美国保险公司，因激进经营导致破产。

表 6.5　天茂集团

天茂集团	2016/12/3	2016/12/22	2017/1/24	2017/2/24	2017/4/10	2017/10/1	2018/2/22	2018/3/21	2018/4/4
(−20,20)	−0.027	−0.059	−0.033	−0.015	−0.047	−0.024	0.043	0.136	0.106
(−10,10)	0.013	0.009	−0.032	−0.005	−0.074	−0.083	0.065	0.058	0.039
(−5,5)	−0.057	−0.005	0.025	0.006	−0.042	−0.044	0.059	0.038	0.036
(−3,3)	−0.009	−0.017	0.017	−0.020	−0.015	−0.020	−0.014	−0.005	−0.022
(−20,1)	−0.037	0.011	−0.047	0.012	−0.030	−0.063	−0.053	0.090	0.063
(−10,1)	−0.011	0.019	−0.046	−0.013	−0.005	−0.059	0.003	0.043	0.023
(−5,−1)	−0.047	0.020	0.000	−0.008	−0.019	−0.033	0.037	0.009	0.005
(−3,−1))	−0.007	−0.002	−0.003	−0.022	−0.015	−0.021	−0.017	−0.021	−0.003
(0,20)	0.010	−0.070	0.014	−0.027	−0.016	0.039	0.096	0.046	0.043
(0,10)	0.025	−0.010	0.014	0.008	−0.070	−0.023	0.062	0.016	0.016
(0,5)	−0.010	−0.025	0.025	0.015	−0.023	−0.012	0.022	0.029	0.031
(0,3)	−0.002	−0.015	0.020	0.001	0.000	0.001	0.003	0.017	−0.019
(0,1)	−0.005	−0.014	0.035	−0.001	−0.012	0.006	−0.011	0.000	−0.017

表 6.6 西水股份

西水股份	2016/12/3	2016/12/22	2017/1/24	2017/2/24	2017/4/10	2017/10/1	2018/2/22	2018/3/21	2018/4/4
(-20,20)	0.083	0.044	-0.181	-0.296	0.155	-0.293	-0.191	-0.003	-0.220
(-10,10)	-0.004	0.062	-0.219	-0.003	-0.081	-0.274	-0.069	-0.043	0.047
(-5,5)	-0.088	0.062	-0.171	-0.001	-0.007	-0.100	0.036	0.011	0.030
(-3,3)	-0.005	0.034	-0.131	-0.004	0.023	-0.038	0.014	-0.058	-0.031
(-20,1)	0.020	-0.005	0.023	-0.196	-0.080	-0.162	-0.157	-0.049	-0.052
(-10,1)	-0.030	0.032	0.007	0.003	-0.053	-0.160	-0.097	-0.074	0.022
(-5,-1)	-0.078	0.062	0.024	0.013	0.010	-0.073	0.030	-0.049	-0.007
(-3,-1))	-0.022	0.041	-0.011	-0.001	0.026	-0.044	0.020	-0.050	-0.034
(0,20)	0.064	0.049	-0.205	-0.100	0.236	-0.131	-0.035	0.046	-0.167
(0,10)	0.026	0.030	-0.226	-0.007	-0.028	-0.115	0.028	0.031	0.025
(0,5)	-0.009	0.000	-0.194	-0.014	-0.017	-0.027	0.005	0.060	0.038
(0,3)	0.017	-0.007	-0.120	-0.003	-0.003	0.005	-0.007	-0.008	0.004
(0,1)	0.015	-0.010	-0.018	-0.005	-0.007	0.000	-0.001	-0.005	0.018

表 6.7　中国平安

中国平安	2016/12/3	2016/12/22	2017/1/24	2017/2/24	2017/4/10	2017/10/1	2018/2/22	2018/3/21	2018/4/4
(−20,20)	0.009	0.017	0.002	−0.034	0.060	0.030	−0.041	−0.043	−0.088
(−10,10)	0.023	−0.010	−0.001	−0.029	−0.001	0.058	−0.022	−0.023	−0.054
(−5,5)	0.022	−0.039	−0.016	−0.015	−0.029	0.020	−0.053	0.020	−0.031
(−3,3)	0.009	−0.003	−0.023	−0.019	−0.045	0.016	−0.021	0.042	−0.010
(−20,1)	−0.006	−0.014	0.024	−0.023	0.000	−0.057	−0.040	0.011	−0.024
(−10,1)	0.009	−0.023	0.019	−0.008	−0.001	−0.001	0.018	0.046	−0.071
(−5,−1)	−0.017	−0.056	−0.010	−0.002	−0.017	−0.005	−0.009	0.063	−0.043
(−3,−1))	−0.008	−0.021	−0.006	−0.010	−0.024	−0.010	0.010	0.052	−0.021
(0,20)	0.016	0.031	−0.023	−0.011	0.061	0.087	−0.002	−0.054	−0.064
(0,10)	0.014	0.014	−0.020	−0.022	0.000	0.059	−0.040	−0.069	0.017
(0,5)	0.040	0.017	−0.006	−0.012	−0.011	0.024	−0.043	−0.042	0.012
(0,3)	0.017	0.018	−0.017	−0.009	−0.020	0.026	−0.031	−0.011	0.011
(0,1)	0.011	0.005	0.003	−0.001	−0.012	−0.004	−0.020	0.002	0.023

表 6.8　新华保险

新华保险	2016/12/3	2016/12/22	2017/1/24	2017/2/24	2017/4/10	2017/10/1	2018/2/22	2018/3/21	2018/4/4
(-20,20)	0.036	0.015	-0.063	-0.162	0.103	-0.062	-0.294	-0.171	-0.073
(-10,10)	0.029	0.023	0.005	-0.090	0.045	-0.013	-0.061	-0.097	-0.122
(-5,5)	0.007	-0.028	-0.020	-0.043	-0.003	-0.019	-0.119	-0.062	-0.010
(-3,3)	-0.004	0.005	-0.032	-0.042	-0.023	-0.065	-0.027	-0.063	-0.021
(-20,1)	-0.025	0.008	0.012	-0.065	-0.069	-0.076	-0.172	-0.048	-0.108
(-10,1)	-0.022	0.042	0.025	-0.058	-0.003	-0.012	-0.057	-0.040	-0.067
(-5,-1)	-0.051	-0.013	-0.018	-0.027	-0.004	-0.025	-0.104	0.002	-0.008
(-3,-1)	-0.029	0.020	-0.008	-0.022	-0.025	-0.050	-0.036	-0.005	-0.029
(0,20)	0.061	0.007	-0.074	-0.097	0.172	0.014	-0.122	-0.123	0.036
(0,10)	0.050	-0.019	-0.020	-0.032	0.049	-0.001	-0.004	-0.057	-0.055
(0,5)	0.059	-0.015	-0.003	-0.016	0.001	0.006	-0.015	-0.064	-0.001
(0,3)	0.025	-0.015	-0.024	-0.020	0.002	-0.014	0.009	-0.058	0.008
(0,1)	0.016	0.002	-0.009	-0.017	-0.003	-0.056	0.026	-0.076	0.029

表6.9　中国太保

中国太保	2016/12/3	2016/12/22	2017/1/24	2017/2/24	2017/4/10	2017/10/1	2018/2/22	2018/3/21	2018/4/4
(−20,20)	−0.103	−0.087	−0.067	−0.106	0.017	0.015	0.006	−0.180	−0.084
(−10,10)	−0.042	−0.074	−0.049	−0.042	0.009	0.021	0.069	−0.140	−0.194
(−5,5)	0.001	−0.075	−0.025	−0.034	−0.007	0.009	−0.057	−0.045	−0.084
(−3,3)	−0.008	−0.048	−0.035	−0.029	−0.026	−0.039	0.041	−0.022	−0.047
(−20,1)	−0.044	−0.065	0.018	−0.082	−0.007	−0.055	0.017	0.019	−0.138
(−10,1)	−0.028	−0.037	0.014	−0.042	0.007	−0.006	0.079	0.021	−0.159
(−5,−1)	−0.032	−0.045	−0.005	−0.018	0.014	−0.009	−0.060	0.072	−0.070
(−3,−1))	−0.010	−0.010	−0.012	−0.023	−0.016	−0.027	0.001	0.038	−0.049
(0,20)	−0.058	−0.021	−0.085	−0.024	0.024	0.070	−0.011	−0.199	0.054
(0,10)	−0.013	−0.037	−0.062	0.000	0.002	0.026	−0.010	−0.161	−0.035
(0,5)	0.033	−0.030	−0.020	−0.015	−0.021	0.019	0.004	−0.117	−0.014
(0,3)	0.003	−0.038	−0.024	−0.005	−0.010	−0.012	0.040	−0.059	0.001
(0,1)	0.012	−0.026	0.004	0.005	−0.011	−0.042	0.030	−0.037	0.021

表 6.10　中国人寿

中国人寿	2016/12/3	2016/12/22	2017/1/24	2017/2/24	2017/4/10	2017/10/1	2018/2/22	2018/3/21	2018/4/4
(-20,20)	0.169	0.027	0.041	-0.095	0.038	0.045	-0.121	-0.024	-0.014
(-10,10)	0.073	0.049	0.017	-0.079	0.004	-0.008	-0.045	-0.029	-0.014
(-5,5)	0.030	-0.034	-0.012	-0.045	-0.019	-0.022	-0.113	0.014	-0.031
(-3,3)	-0.022	0.018	-0.045	-0.033	-0.035	-0.042	-0.040	0.020	-0.016
(-20,1)	0.088	-0.027	0.072	-0.026	-0.055	-0.049	-0.123	-0.011	-0.031
(-10,1)	0.061	0.004	0.009	-0.034	0.000	-0.018	-0.065	-0.018	-0.012
(-5,-1)	-0.028	-0.042	-0.032	-0.017	-0.012	-0.017	-0.124	0.006	-0.027
(-3,-1))	-0.027	0.010	-0.021	-0.005	-0.031	-0.029	-0.061	0.002	-0.016
(0,20)	0.081	0.054	-0.031	-0.068	0.093	0.094	0.002	-0.013	0.018
(0,10)	0.012	0.045	0.009	-0.045	0.005	0.009	0.021	-0.011	-0.002
(0,5)	0.058	0.008	0.019	-0.028	-0.007	-0.005	0.011	0.009	-0.004
(0,3)	0.005	0.008	-0.024	-0.028	-0.004	-0.013	0.021	0.019	0.001
(0,1)	-0.004	-0.004	-0.002	-0.021	-0.011	-0.030	0.012	0.005	0.011

表 6.11　保险行业板块的异常收益率

事件窗口 时间	(−20,20)	(−10,10)	(−5,5)	(−3,3)	(0,20)	(0,10)	(0,5)	(0,3)	(0,1)
2016/12/3	0.028	0.015	−0.014	−0.006	0.029	0.019	0.028	0.011	0.007
2016/12/22	−0.007	0.010	−0.020	−0.002	0.008	0.004	−0.007	−0.008	−0.008
2017/1/24	−0.050	−0.046	−0.037	−0.042	−0.067	−0.051	−0.030	−0.031	0.002
2017/2/24	−0.118	−0.042	−0.022	−0.024	−0.055	−0.016	−0.012	−0.011	−0.007
2017/4/10	0.055	−0.016	−0.018	−0.020	0.095	−0.007	−0.013	−0.006	−0.009
2017/10/1	−0.048	−0.050	−0.026	−0.031	0.029	−0.007	0.001	−0.001	−0.021
2018/2/22	−0.100	−0.010	−0.041	−0.008	−0.012	0.009	−0.003	0.006	0.006
2018/3/21	−0.048	−0.046	−0.004	−0.014	−0.050	−0.042	−0.021	−0.017	−0.018
2018/4/4	−0.062	−0.049	−0.015	−0.024	−0.014	−0.006	0.010	0.001	0.014

二、声誉损失

(一)损失统计

本书以式(6.7)计算行业中的平均异常收益,见表6.11。研究发现,窗口期为(-5,5)和(-3,3)时,行业的异常收益均为负,也就是说只有声誉损失发生。而窗口期为(-20,20)和(-10,10)时,存在异常收益率为正值的情况,可能来源于市场整体波动的趋势,或者行业中的竞争效应大于传染效应所致。

$$\overline{AR_t} = \frac{1}{n} \sum_{i=1}^{n} AR_{it} \qquad (6.7)$$

通过将每次声誉事件后行业异常收益率乘以行业市值,本书得出了行业声誉损失的估计值(具体见表6.12)。统计结果表明,窗口期为(-5,5)和(-3,3)时,声誉损失的结果更加符合行业的现状,行业损失区间在(-8.42E+08,2.46E+10)。由于保险行业比较有代表性的声誉事件截至目前仅有9次,我们无法继续进行蒙特卡洛模拟,预测行业声誉损失的估值区间和分布。

表6.12 声誉损失统计

声誉损失	(-20, 20)	(-10, 10)	(-5, 5)	(-3, 3)
声誉事件 1	3.18E+10	1.87E+10	-1.76E+10	-7.86E+09
声誉事件 2	-3.83E+09	5.08E+09	-9.93E+09	-8.42E+08
声誉事件 3	-2.53E+10	-2.41E+10	-1.99E+10	-2.22E+10
声誉事件 4	-6.27E+10	-2.28E+10	-1.21E+10	-1.36E+10
声誉事件 5	2.87E+10	-8.26E+09	-9.14E+09	-1.06E+10
声誉事件 6	-2.89E+10	-2.90E+10	-1.54E+10	-1.81E+10
声誉事件 7	-6.57E+10	-6.74E+09	-2.46E+10	-4.45E+09
声誉事件 8	-2.60E+10	-2.62E+10	-2.24E+09	-8.01E+09

续表

声誉损失	(−20, 20)	(−10, 10)	(−5, 5)	(−3, 3)
声誉事件9	−3.56E+10	−2.77E+10	−7.91E+09	−1.29E+10
均值	−2.08E+10	−1.34E+10	−1.32E+10	−1.10E+10
中位数	−2.60E+10	−2.28E+10	−1.21E+10	−1.06E+10
标准差	3.27E+10	1.58E+10	6.47E+09	6.24E+09
最大值	3.18E+10	1.87E+10	−2.24E+09	−8.42E+08
最小值	−6.57E+10	−2.90E+10	−2.46E+10	−2.22E+10
偏度	0.4044	0.9948	−0.1595	−0.2401
峰度	−0.6796	−0.0730	−0.3273	−0.2678

第四节 本 章 小 结

第一，本章在声誉指数的基础上，应用期望波动理论继续设计了寿险行业声誉风险指数，统计分析了2012—2016年的寿险行业声誉风险变化情况。结果表明，寿险行业声誉风险指数并不是简单地随着中小公司家数的增加而增加，它跟外部金融环境的变化密切相关。

第二，国外学者对金融机构声誉风险的损失估计主要采用事件研究法，本章选取了2013—2016年保险行业的九大声誉事件，测算了上市保险公司的异常收益率及由此导致的声誉损失。

第七章　保险行业声誉危机的案例分析

第一节　保险公司声誉危机的形成、发展与后果

——以前海人寿为例

一、研究背景

2014—2016 年，以宝能系、恒大系和安邦系为代表的七大保险系资金在资本市场频频举牌，进行大规模股票投资。深圳市宝能投资集团有限公司(简称"宝能集团")以前海人寿为融资平台，使用万能险保费在资本市场杠杆收购万科集团股票，联合一致行动人深圳市钜盛华股份有限公司(简称"钜盛华")争夺万科集团的经营控制权(简称"宝万之争")，被证监会主席在 2016 年 12 月 3 日的公开讲话中视为"野蛮人""强盗"行为，万能险保费则被污名化为"来路不明的钱"，保险业被推上风口浪尖。声誉事件发生后，保监会除了对前海人寿实施顶格处罚，又连续出台包括限制保险资金股票投资、调整万能险业务、整治部分保险机构虚假出资、治理失效、资金乱用、销售误导等一系列政策，进一步从严监管防控保险行业风险，试图恢复保险业集体声誉。然而，整顿过程中保险业一系列声誉事件接连爆发，2017 年 5 月，多家网媒披露前海人寿资金缺口高达 600 亿元，陷入经营困境；6 月 23 日审计署审计长公开表示"个别险企通过万能险筹资入市影响资本市场秩序"，这

些事件让本来就岌岌可危的行业声誉一次又一次地遭受重创。

虽然前海人寿只是一家 2012 年才成立的中型寿险公司，但其超出传统保险公司的激进经营行为被证监会主席批评后，经过媒体负面渲染，给行业带来了前所未有的声誉损失。根据最新行业统计数据，2017 年 1~3 月寿险保费增长率同期相比大幅回落，万能险保费呈断崖式下降；保险资金投资业务被极大限制；部分保险公司流动性风险、资产负债不匹配风险加剧，已经出现净现金流出的状况。2017 年 4 月，上海证券报开展的一项保险业大型微信问卷调查显示，市场声誉成为消费者选择保险公司的重要因素。2017 年 7 月，中国保险保障基金公司发布的《中国保险业风险评估报告 2017》，将声誉风险和流动性风险列为行业风险的前两位。作为一种无形资产，声誉对保险公司乃至整个保险行业至关重要。为此，我们以 2017 年 6 月 30 日落下帷幕的"宝万之争"为例，从微观和中观两个层面详细分析前海人寿保险公司声誉风险的成因、影响及其治理措施。与以往企业声誉危机研究文献相比，本书的不同之处在于：①与一般金融企业不同，保险公司的主要业务在于承保和投资，但声誉危机大多由投资业务触发，我们通过分析前海人寿在"宝万之争"中发挥的"融资平台"作用，揭示公司治理和行为监管在声誉危机治理中的作用；②通过分析声誉风险从特定保险人蔓延到保险行业的过程，探究其在行业内部引起的溢出效应（包括正向溢出效应和负向溢出效应）；③个别保险公司声誉事件的累积甚至可能触发保险业系统性风险，我们据此提出相应的保险业声誉风险治理措施。

二、案例分析

（一）前海人寿基本情况

2012 年 2 月，前海人寿经中国保监会批准正式成立，注册资本 10 亿元，公司法定代表人为宝能集团董事长姚某，经过数次股权变更后，2015 年宝能集团控股的钜盛华对前海人寿的持股比例为 51%，其余四家公司前身均为宝能集团旗下子公司，姚某对前海人寿享有绝对控制权。2012 年至今，前海人寿采取快速扩张承保规模、提高投资收益的经营模式：一方面，依赖银保渠道（占比超过 90%）大规模销售"理财险"；另一方面激进投资股票、商业地产，提高利差收益。表 7.1 描述了公司成立以来的基本财务指标与股权变化情况。我们发现，前海人寿的险种结构非常单一，主营险种一直是万能险、分红险这种中短存续期的理财产品；2016 年末偿付能力充足率降到 112%，杠杆率（负债/权益）为 9.35，长期违约风险较高，各项经营指标均不乐观。

（二）"宝万之争"与举牌资金来源

2004 年，中国保监会出台《保险机构投资者股票投资管理暂行办法》，允许保险机构投资者从事股票、可转换债券等股票市场产品交易的行为。从 2012 年下半年开始，保监会相继出台政策①，实质性拓宽险资运用渠道，2014 年发布《关于加强和改进保险资金运用比例监管的通知》，投资蓝筹股的比例上限提高②；其后万能险费率市场化改革③。前海人寿利用 2015 年万能险费率市场化改革的时机（原本保证收益率不超过 2.5% 的上限被打破，退保手续费也从 50% 降为 5% 左右），将万能险包装成同时享有 120% 死亡保障的"中短期理财险"，保费规模迅速扩张。这样，前海人寿以万能险作为融资工具，在资本市场大规模收购万科集团股权并不违反保监会规定，而宝能系并不满足"善意投资人"的身份，希望进一步扩大对万科集团的持股比例，甚至获得经营控制权（具体见表 7.2）。

---

① 《关于保险资金投资股权和不动产有关问题的通知》（保监发［2012］59号）。

② 《中国保监会关于提高保险资金投资蓝筹股票监管比例有关事项的通知》（保监发［2015］64 号）规定，将投资单一蓝筹股票的比例上限由上季末占总资产的 5% 提高到 10%。

③ 《中国保监会关于万能型人身保险费率政策改革有关事项的通知》（保监发［2015］19 号）。

表 7.1　前海人寿基本情况

基本情况	年份	2012	2013	2014	2015	2016
股东和持股比例		钜盛华,20%; 深粤控股,20%; 广州立白,16.5%; 粤商物流,14.9%; 凯诚恒信,14.8%; 健马科技,13.8%	钜盛华,20%; 深粤控股,20%; 广州立白,4%; 粤商物流,19.8%; 凯诚恒信,19.65%; 健马科技,5.52%; 华南汽车交易,11.03%	钜盛华,20%; 深粤控股,20%; 广州立白,2.22%; 粤商物流,19.8%; 凯诚恒信,19.65%; 健马科技,3.38%; 华南汽车交易,11.03%	钜盛华,51%; 深粤控股,20%; 粤商物流,19.8%; 凯诚恒信,4.6%; 华南汽车交易,4.6%	钜盛华,51%; 深粤控股,20%; 粤商物流,19.8%; 凯诚恒信(原凯诚恒信),4.6%; 金丰通源(原华南汽车交易),4.6%
杠杆率		1.00	5.95	8.47	6.06	9.35
偿付能力充足率		2924.80%	172.72%	199.60%	561.13%	112.9%
保费增长率		—	44.48%	757.54%	414.98%	26.87%

年份 基本情况	2012	2013	2014	2015	2016
主营险种	—	海富人生两全保险（分红型）； 海盈人生两全保险（分红型）； 海裕人生两全保险（分红型）； 前海团体意外伤害保险（B款）； 前海团体门诊急诊医疗保险；	前海尊享理财二号年金保险； 前海尊享理财一号两全保险； 海盈人生两全保险（分红型）； 海富人生两全保险（分红型）； 海裕人生两全保险（分红型）	前海尊享理财二号年金保险； 前海尊享理财一号两全保险； 海盈人生两全保险（分红型）； 前海理财宝年金保险； 前海财富精选年金保险；	前海尊享理财二号年金保险； 前海尊享一号两全保险； 前海财富精选年金保险； 前海海盈人生两全保险； 前海理财宝年金保险；

表 7.2　前海人寿参与"宝万之争"的内、外部因素

外部因素		内部因素
保监会放开保险经营牌照	→	前海人寿 2012 年获准成立,虽然初始股东有 5 家,但经过各种股权转让,钜盛华持股比例 51%,宝能集团董事长姚某对前海人寿享有绝对控制权
万能险费率市场化改革、退保手续费大大降低	→	前海人寿包装万能险为"中短期理财险",保费规模快速扩张,甚至占 2016 年公司保费收入的 80%
2015 年股灾,保监会提出"放开前端,管住后端",希望险资入市可以帮助稳定资本市场	→	前海人寿投资单一蓝筹股和投资权益类资产比例提高;2014—2016 年末投资收益率分别为 7.5%、7.2% 和 6.76%
根据"偿二代"监管要求,持股比率超过 20% 时,资产负债表中的"当期损益的金融资产"转为"长期股权投资",权益性资产更容易满足监管标准	→	前海人寿接连举牌华侨城 A、中炬高新、韶能股份、明星电力、南宁百货、南玻集团、合肥百货、中国金洋
万科集团股权结构分散,即使第一大股东华润集团也仅持有 15.23%,不存在绝对控股股东和控制人	→	前海人寿被一致行动人宝能集团操纵,成为宝能系收购万科 A 股份的融资平台,使用万能险保费而非自有资金多次举牌

宝能集团收购万科股权,按资金来源可以分为三个阶段(如图 7.1 所示),统计结果显示:在收购的第一阶段,前海人寿大约使用资金 105 亿元,其中 82 亿元来自万能险的独立账户;在第二阶段,宝能集团将前海人寿的股权质押给华福证券,使用杠杆融资继续收购万科股权;在第三阶段,钜盛华将券商的收益互换和银行资管计划交易,杠杆进一步放大。我们再将前海人寿(保险公司)在"宝万之争"中的重要时间点进行简单整理(具体见表 7.3),可以发现,前海人寿作为宝能集团

单一控股的保险公司，在"宝万之争"中和券商、银行一起充当了融资平台的角色，收购股权的资金来源主要为万能险账户的保费，属于负债而非自有资金。

图 7.1　宝能系资金来源

表 7.3　前海人寿参与万科举牌的时间表

时　间　点	事　件	影　响
2014 年	购买 410 万股万科股票	未引起市场注意
2015 年 1—7 月	持续交易万科 A 股票	买入 3188 万股股票，卖出 3229 万股股票
2015 年 7 月 10 日	第一次举牌，共持有约 5.52 亿股	引发市场关注
2015 年 7 月 24 日—8 月 26 日	和钜盛华一起增持、二度举牌	宝能系持股比例 15.04%，超过华润成为万科第一大股东
2015 年 9 月—2016 年 7 月 6 日	增持万科股票	宝能系合计持股数占万科总股本 25%
2016 年 4 月 8 日	钜盛华将万科股份对应的表决权无偿转让给前海人寿	前海人寿可以将万科资产记为"长期股权投资"
2017 年 4 月	前海人寿公布 2016 年年报	已经将万科集团列入联营企业
2017 年 6 月 30 日	万科集团召开股东大会	宝能系没有代表入选董事会

根据保监会发布的《保险公司关联交易管理办法》，前海人寿利用

万能险保费融资，再通过资产管理计划、信托产品等金融产品，多层嵌套后向关联方输送资金属于关联交易。宝能集团为加大对万科集团持股比例，进一步放大资金杠杆，曾将前海人寿股权(高达 68.9%)多次质押给其他金融机构。在大股东面临较大融资压力时将公司股权进行质押，这是较为明显的资金占用行为，如果财务压力进一步增加，大股东则有较强的动机掏空公司(郑国坚等，2013)。因此，在控股股东面临较大财务压力时，如何抑制其资金占用和掏空行为？除了规范法律、制度基础，在公司治理方面加强股权制衡、独立董事监督和管理层持股是较为有效的策略(柳建华等，2013)。

(三)是否传统的保险投资行为

保险公司使用万能险保费投资股票并不违规，这是因为现行"偿二代"监管制度下，保险公司的每部分风险都有对应的资本要求，在满足偿付能力充足率的条件下，可以和银行一样进行资产负债的期限转换；个别保险公司虽然举牌资金量规模大，但万能险保费只是保费资金池中的一部分，保险人只要能确保资金池整体安全，股票投资符合监管规定。

从上述前海人寿的资金运用过程看，我们认为，前海人寿在资本市场收购万科、南玻集团等上市公司股权并不属于传统的保险公司投资业务，原因如下。①前海人寿的万能险业务一度占公司业务规模的80%左右，险种结构极度单一；短险长投，资产负债期限严重不匹配。杠杆收购股权的做法，不符合传统保险公司投资业务遵循的稳健性、谨慎性原则。②前海人寿购买万科 A、南玻 A 股票的目的是联合一致行动人宝能集团控制上市公司经营权。③前海人寿在此过程中只是充当宝能系的核心融资平台，超越了传统保险公司经营范畴，更像是宝能系的"私人银行"。

综上所述，前海人寿的经营已经超出传统保险公司，超出保监会的监管权限，监管空白的存在也使证监会无法对其实施查处(如图 7.2 所示)。宝能集团通过控股的钜盛华、前海人寿在资本市场收购万科股票，分别在证监会、保监会监管权限之下，前海人寿持有、举牌万科股票并未违反保监会关于保险机构股票投资的相关规定；钜盛华通过券商、银行融资收购万科股票并将所持有股份的表决权无偿转让给前海人寿不违反证监会相关规定。宝能集团利用所持有的保险牌照融资，争夺万科集团经营控制权的外因是保监会和证监会之间存在监管壁垒，正所谓"法不禁止既可为"——监管空白无法阻止前海人寿联合一致行动人钜盛华收购股份。前海人寿的"灰色行为"属于个例，并不具备全行业共性，但前海人寿引发的行业声誉危机和损失，值得深入讨论。

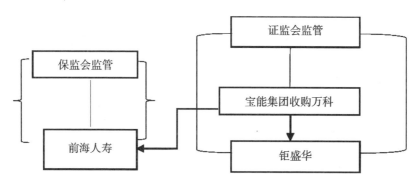

图 7.2　前海人寿、宝能集团和金融监管

三、前海人寿声誉危机引发的后果分析

(一)声誉危机的经济后果

2016 年 12 月 3 日，证监会主席发表脱稿讲话，表示"有的人集土豪、妖精及害人精于一身，拿着金融牌照进入金融市场，用大众的资金从事所谓的杠杆收购，做人的底线在哪里"，严厉指责宝能集团利用前海人寿为融资平台，收购万科集团股票，妨碍资本市场有序发展。这番讲话经过媒体轰炸式的负面报道(见表 7.4)，舆论逐步演变成"资本 vs

实业"之战，以前海、恒大、安邦为代表的险资就此背上危害实体经济发展的罪名，保险业被牵连陷入集体声誉危机。

表 7.4 媒体对险资举牌的报道

时间	媒体	标　题	主 要 内 容
2016.12.01	证券时报	熟悉的"野蛮人"在线前海人寿增持格力电器至 4.13%	格力电器公司优质、股权分散和万科相似，成为宝能"猎物"
2016.12.03	金融界	刘士余批野蛮人强盗式收购：是人性和商业道德的沦丧	刘士余在中国证券投资基金业协会第二届会员代表大会演讲的全文
2016.12.03	金融投资报	险资举牌是福是祸？上市公司对此没好感	险资快进快出，与上市公司管理层发生冲突，扰乱资本市场秩序
2016.12.06	北京晨报	董明珠喊话资本不要做罪人	资本如果成为中国制造的破坏者，他们会成为罪人
2016.12.12	经济日报	保险资金不能成为豪赌筹码	险资收购资金来源违规，杠杆收购形同豪赌。

2017 年 2 月，保监会对前海人寿实际负责人姚某实施禁业 10 年，罚款 136 万元的顶格处罚，但"野蛮人"之说引发的保险行业声誉损失更严重：退保率上升，规模保费收入大幅下降，万能险业务被保监会紧急整顿（详见表 7.5、表 7.6）；上市公司拒绝被险资举牌，比如南玻集团、格力电器、廊坊发展就股权收购和经营权问题与前海人寿、恒大人寿发生过激烈冲突；2017 年以来只有中国人寿一家保险机构在资本市场举牌，保险公司正常投资业务受到限制（详见表 7.7）。

表 7.5　2017 年一季度部分寿险公司保费收入统计

保险公司	万能险/原保险保费	原保费同比增长	万能险保费同比增长
前海人寿	0.3%	13.4%	-99.9%
安邦人寿	0.9%	700%	-98.3%
富德生命人寿	57.4%	-32.6%	-38.1%
华夏人寿	84.6%	718.2%	-69.2%
阳光人寿	21.4%	-1.7%	-60.9%
恒大人寿	47.9%	790.3%	-62.1%
中国人寿	13.9%	22.1%	-30.0%
平安人寿	19.8%	42.0%	18.2%
新华人寿	5.2%	-20.0%	30.4%
太保寿险	8.5%	43.1%	-3.3%

表 7.6　部分寿险公司 2016 年退保率统计

保险公司	退保金(亿元)	退保金同比增长	退保率
前海人寿	90.06	526.29%	40.85%
安邦人寿	294.82	258.21%	21.85%
富德生命人寿	234.91	214.21%	22.99%
华夏人寿	5.64	-45.87%	1.19%
阳光人寿	109.05	22.85%	24.52%
恒大人寿	7.89	37.46%	22.74%
中国人寿	739.22	-30.70%	17.34%
平安人寿	160.43	-3.15%	5.83%
新华人寿	437.77	-19.43%	38.89%
太保寿险	135.38	-46.31%	9.86%

表 7.7　保险产品持股市值统计　　　　　（单位：亿元）

机构	2015 年	2016 年	2017 年（半年报）
宝能系	194.6	524.58	182.06
安邦系	59.5	1483.21	1322.38
恒大系	—	142.13	30.5
华夏系	451.28	1015.42	80.76
生命系	938.15	171.82	273.14
国华人寿系	95.67	336.82	152.04
阳光保险系	53.90	57.57	68.47
合计	1793.10	3731.55	2109.35

数据来源：根据 Wind 数据整理。

　　2017 年一季度保费收入显示，前海人寿、安邦人寿的万能险业务已经被保监会紧急叫停，经营业务相似的恒大人寿、华夏人寿等保险公司的万能险业务急剧下降；与此同时，传统型保险公司比如平安人寿、新华人寿的万能险业务反而呈同比增长的态势。2016 年末的退保率统计显示，激进经营型保险公司的退保率大幅增加，传统保险公司的退保率则呈现较为平稳的趋势。这些数据均表明，声誉风险在保险行业内具有溢出效应（外部性），会对和前海人寿经营业务相似的寿险公司产生传染效应（负外部性）；对与前海人寿经营业务迥异的传统寿险公司产生竞争效应（正外部性）。

　　由表 7.7 可得，2016 年确实为"险资举牌"年，七大保险资金系仅使用保费购买的股票市值就多达 3731.55 亿元。考虑 A 股股指已经从 2017 年 1 月的 3135.92 点上升到 2017 年 7 月接近 3300 点，蓝筹股（险资大规模持有）又呈大幅上涨趋势，可以判断保险公司已经在 2017 年大量减持股票，一方面是由于万能险保费收入呈断崖式下降趋势，另一方面则是保监会对保险机构股票投资出台了新规①。

(二)声誉危机的社会后果：触发系统性风险的可能性增加

中国保险保障基金公司发布的《中国保险业风险评估报告2017》梳理了保险业近期重点风险后，将声誉风险和流动性风险列为行业风险前两位。显然，在当前经济环境下，保险业要预防声誉风险、流动性风险、政策风险和市场风险等相互作用触发保险业系统性风险。国内外保险学者关于系统性风险的定义并没有统一标准，比较有代表性的包括以下几种。引发经济价值大幅降低或对金融部门信任度丧失，从而对实体经济产生严重危害的高风险事件(Cummins & Weiss，2014)。Eling & Pankoke(2014)认为，广义的保险业系统性风险是造成金融服务、金融机构功能丧失，对实体经济形成冲击，产生负面影响的保险风险。狭义的保险业系统性风险(Systematic Risk)局限于金融系统内，强调个别保险公司的异质性风险、最终演化成单个保险公司无法分散的系统性风险，并给其他金融机构带来局部、区域或者全局的负面影响(王超、王向楠，2015)。

传统的保险业务一般不会产生系统性风险的原因：保险公司的负债期满给付，而银行的资金来源(负债)期限短，贷款(资产)期限长，容易产生资产负债不匹配风险；银行存在大量同业拆借，危机会在业内传染蔓延；而保险公司只和再保险公司发生类似业务。保险公司赔付周期长，退保手续费高，一般不会发生集体退保；银行容易受经济周期影响，在经济衰退时发生大规模挤兑(郭金龙、赵强，2014)。以保险业在2008年金融危机中扮演的角色为例，虽然AIG非保险领域出现问题，但它的财产保险子公司和大多数寿险健康险子公司逃过了次贷下跌的影响以及后来的危机蔓延。Eling & Pankoke(2014)整理了系统性风险的相关文献，认为传统的寿险、非寿险、再保险的承保既不增加系统性风

---

① 《关于进一步加强保险资金股票投资监管有关事项的通知》(保监发〔2017〕9号)。

险，也不会使保险公司面对金融系统的损害时更加脆弱。相反，非传统保险的承保(如信用违约互换保险)会增加脆弱性，其中寿险公司因较高的杠杆率会比非寿险公司情况更糟。对于传统的投资过程，包括寿险、非寿险以及再保险在内的保费积累、资产负债管理与对冲、流动性管理、保险联结证券等，学术上认为不存在系统性风险。

但是，保险公司使用万能险保费在资本市场杠杆收购股权，恰恰越过了传统保险风险的范围，"短险长投"的直接后果是资产负债期限不匹配；使用收益互换等方式扩大杠杆，风险有了在金融行业内蔓延的可能。虽然 2015—2019 年蓝筹股普遍上涨，保险公司暂时可以用较高的投资收益覆盖承保端负债，但股市一旦进入下行区间，激进经营型公司的资金缺口无法弥补，就会爆发经营危机。正如戴稳胜(2004)提到的，20 世纪美国、日本的一些寿险公司销售万能险等保证利率过高的产品，一味追求规模扩张，忽视资金运用可能面临的风险，在经济环境逆转后，保险公司资产负债严重失衡，导致保险业爆发经营危机。

保险公司"中短存续期"化万能险产品，就需要不断扩大万能险业务、不断吸收保费来维持这种资产负债表的平衡。声誉危机带来的大规模退保(投保人信心丧失)、万能险业务被叫停(监管升级)①，已经使部分保险公司的违约风险大大提高。我们使用 Z-Score 来测算保险人的财务稳健性，发现安邦人寿、前海人寿、富德生命人寿这些"中短存续期"化万能险产品的公司，财务稳健性指标已经进入高危标准，远远低于传统保险公司正常范围，偿付能力充足率也接近监管红线(详见表7.8)。不只是资产驱动负债型寿险公司易于出现流动性风险，更多中、小寿险公司因为险种结构单一、销售渠道不合理，一直缺乏有效的盈利模式，再受到最新监管政策变化的影响，甚至出现现金流净流出的局面。

---

① 2016 年 12 月 5 日《保监会持续强化万能险监管 坚决遏制违规行为》；2016 年 12 月 28 日《保监会进一步强化万能险监管 推动万能险规范有序发展》；2017 年 6 月 27 日《切实加强万能险监管 守住行业风险底线》。

表 7.8　部分寿险公司财务稳健度①

公司	财务稳健度（2014—2016 年均值）	偿付能力充足率（2016 年）
前海人寿	9.865	112.9%
安邦人寿	8.264	150%
富德生命人寿	11.697	116%
华夏人寿	14.003	125%
阳光人寿	36.917	230%
恒大人寿	25.271	105%
中国人寿	69.494	297%
平安人寿	63.264	226%
新华人寿	37.203	281%
太保寿险	38.783	257%

四、总结与建议

2016 年末，上市公司、政府监管机构集体声讨前海人寿"野蛮人"一般的激进投资行为，对前海人寿和整个保险业造成巨大声誉损失。2017 年 6 月 30 日，万科集团股东大会结束，宝能系、安邦系作为公司大股东没有代表入选董事会，恒大系提前转让股权致使账面亏损 70 亿元，三家险企在这场耗时两年的"宝万之争"中都是输家，更牵连非涉事保险公司一同陷入声誉危机。本书以前海人寿保险公司参与"宝万之

① $Z\text{-}Score = \dfrac{ROA + 权益/资产}{\sigma_{ROA}}$（ROA 为资产收益率，即净收入/总资产；$\sigma_{ROA}$ 为三年资产收益率的标准差）一般作为衡量保险公司财务稳定性的指标，Z-Score 值越大，表明公司收益的波动越小，财务状况越稳健。为了更好地评估各寿险保险公司的真实情况，我们用 2014—2016 年 Z-Score 的三年均值测量公司的财务稳健程度。

争"引发公司声誉危机为例，从微观和中观两个层面详细分析了保险公司和保险业声誉风险的成因、影响及其治理措施。我们发现：第一，此次声誉风险的内因源于前海人寿联合一致行动人钜盛华的"非传统保险公司经营行为"，"保险人使用万能险保费购买上市公司股权"和"前海人寿被单一控股人操纵，争夺上市公司经营权"属于性质完全不同的两种行为；第二，保监会和证监会之间存在监管壁垒，导致监管空白，以及媒体的负面渲染是此次声誉危机的外因，证监会主席发表讲话后，经过媒体轰炸式的负面报道，保险业陷入集体声誉危机；第三，特定公司的声誉危机，除了对涉事公司经营带来不利影响外，也限制了非涉事保险公司开展正常的承保、投资业务，造成中、小保险公司流动性风险加剧，如果行业风险相互交织，极有可能触发保险业系统性风险。因此，保险公司和保监会都应加强舆情监督和管理，加强对公司、行业声誉风险的管控措施。

为此，我们建议，监管机构在制定政策时，需要区分"使用保险资金进行股票投资"和"被控股资本系操纵争夺上市公司经营权"两种不同类型的公司，不能因为前海人寿超出保险公司经营范畴的行为，就对全行业矫枉过正。保监会应该对激进经营型保险人强调"保险业姓保"，对传统型保险人继续"放开前端"，实施差别化监管政策，进一步加强公司治理监管、行为监管和功能监管，防范"害群之马"危害行业集体声誉的情况再发生。金融部门则要补齐监管短板，发挥刚刚设立的国务院金融稳定发展委员会职能，实施统一的宏观审慎监管政策。"保险业姓保"，强调发挥保险公司的保障职能，特别是跨期分散风险的作用，但不能忽视保险公司，但不能忽视保险公司(特别是寿险公司)需要保险资金在长期保值增值的经营目标，不能因为"个别公司"的激进经营行为，否定人保、人寿、平安、太保这些传统保险公司为维护资本市场健康发展做出的贡献；更不能因此限制保险公司必要的投资业务，损害保险公司的正当投资权利。

第二节　保险行业声誉风险的溢出效应

——以险资举牌为例

一、研究背景

声誉是保险公司的立身之本。2016 年末七大保险系资金在资本市场频频举牌，个别公司甚至采取"短线快炒"的操作手法，招致多家上市公司集体抗议。股权结构和万科同样分散的格力电器被险资举牌后，董事长董明珠批评险资为"中国制造的破坏者""罪人"，继而证监会主席发表脱稿讲话，称其为"野蛮人""妖精"，经过新闻媒体的大肆渲染，整个保险行业陷入巨大的声誉危机。虽然保监会事后一再强调"保险业姓保，保监会姓监"，并对涉事公司实施了顶格处罚，但 2017 年一季度多家寿险公司的保费增速大幅下降，投诉率上升，万能险业务被整顿，整个寿险业增长放慢脚步。普华永道最新研究报告（Insurance Banana Skins，2017）已将"声誉风险"列为我国大陆地区保险业需要面对的第二大风险。

根据国内外金融监管实践，声誉风险被纳入全面风险管理框架，成为金融监管的重要组成部分。1997 年巴塞尔资本协议将声誉风险作为市场约束的组成部分，2009 年 1 月修订版巴塞尔新资本协议明确将声誉风险列入第二支柱。以往经验显示，保险纠纷、保险欺诈等声誉事件最容易导致保险公司发生声誉风险，而媒体的相关报道多聚焦于某款保险产品或者某家保险公司，很少会指向整个保险行业。因此，中国保监会 2014 年颁布的《保险公司声誉风险管理指引》中将声誉风险的防范对象、声誉风险指数的测量、声誉风险的损失都限定在公司层面，没有考虑声誉风险在保险行业内的传导机制和溢出效应。直到 2017 年 4 月，中国保监会将声誉风险列为保险业需要重点防控的九个领域之一，提出"加强声誉风险防范，切实增强舆情应对能力"。随着未来互联网传播速度的不断加快，媒体、舆论对声誉事件的解读更加复杂，如何及时应对负面消息，提高舆情处理能力，有效化解声誉风险所带来的各种经济损失，防止危机继续扩散，对保险行业尤为重要。

为此，本书分析声誉风险从特定保险公司蔓延到保险行业的形成过程，研究其在行业内部引起的溢出效应（包括正向溢出效应和负向溢出效应），为防范我国保险业系统性声誉风险的发生、构建金融业统一监管框架、消除监管壁垒提供政策建议。

二、案例回顾

（一）"险资举牌"事件基本情况介绍

保险资金的大规模投资行为，始于 2014 年底并购海外企业、增持蓝筹股股票，直至证监会主席 2016 年 12 月 3 日发表公开讲话，痛批其为"野蛮人"，保险行业陷入声誉危机。根据我们统计，在此期间，保险资金（涉及 20 家保险公司）共在 A 股市场举牌 91 次，举牌 49 家公司；从举牌主体来看，64 次为单一主体举牌，27 次为一致行动人（例如安邦系的安邦人寿、安邦养老、和谐健康、安邦财险；宝能系的前海人寿和钜盛华）联合举牌；从资金规模来看，作为 571 只股票的前十大流通股股东的险资，合计持股 743.15 亿股，总市值约为 11180 亿元（截至 2016 年 12 月 31 日），具体见表 7.9。

表 7.9　2014—2016 年保险产品持股概况

保险系资金	大规模持有的股票	举牌次数	持股市值
宝能系	万科 A、南玻 A、韶能股份、中炬高新、深纺织、华侨城 A、厦门港务、南宁百货、合肥百货、广弘控股、东阿阿胶、冀东水泥	21	约 524.58 亿元

保险系资金	大规模持有的股票	举牌次数	持股市值
恒大系	万科 A、廊坊发展、梅雁吉祥、国民技术、金洲管道、沧州明珠	3	约 142.13 亿元
安邦系	民生银行、金地集团、同仁堂、大商股份、欧亚集团、金风科技、金融街、中国建筑、万科 A	22	约 1483.21 亿元
阳光系	伊利股份、凤竹纺织、凯瑞德、胜利股份、中青旅	7	约 57.57 亿元
生命系	浦发银行、农产品、金地集团、北京文化	15	约 171.82 亿元
国华系	天宸股份、天海投资、新世界、华鑫股份、鸿达兴业	15	约 336.82 亿元
华夏系	民生银行、中国银行、中国铁建、中国联通、中国平安、同洲电子、朗玛信息、明家联合	3	约 1015.42 亿元

数据来源：笔者根据 Wind 数据库进行统计。

2004 年中国保监会出台《保险机构投资者股票投资管理暂行办法》，允许保险机构投资者从事股票、可转换债券等股票市场产品交易的行为，险资和社保基金一直是资本市场的长期重要机构投资者，在改善投资者结构、提高资本市场稳定性和流动性方面发挥着不可忽略的作用。然而，从七大保险系资金的来源看，多次举牌所用资金涉及万能险账户，并非保险公司自有资金；从举牌过程看，作为资本市场机构投资者的保险人，甚至采取了"短线快炒"的手法。"宝万之争"更是让保险公司的举牌资金来源、用途饱受争议，其后南玻集团、廊坊发展与宝能系、恒大系在公司治理问题上发生冲突，随着伊利股份、格力电器、中国建筑等越来越多地被举牌上市公司质疑保险机构"善意"或"恶意"的投资行为，而整个保险业在时任证监会主席讲话后经过各大媒体大肆渲染，特别是网络媒体的进一步轰炸后，引起社会的广泛批评，成为资本市场上不受欢迎的机构投资者。但是声誉事件发生后，作为声誉共同体的保监会、保险公司，由于缺乏应对声誉事件的经验，对媒体的负面报道没有在黄金时间做出回应，逐渐变成全行业的声誉危机。

(二) 研究假设

根据我们对 Wind 数据库中举牌事件的数据整理，保险系资金举牌高峰发生于 2015 年 (2014 年 25 次，2015 年 54 次，2016 年 12 次)；举牌争议出现在"宝万之争"白热化阶段的 2016 年初，当时万科发布《关于提请查处钜盛华及其控制的相关资管计划违法违规行为的报告》，认为宝能系资金来源不当；但是"险资举牌"演变为声誉事件，继而发展为行业声誉危机却始于证监会主席在 2016 年 12 月 3 日讲话之后 (此前证监会 2015 年 12 月、2016 年 7 月针对"宝万之争"的表态为不会干涉市场行为，尊重市场的积极力量，从严查处违规行为)，随着媒体负面报道不断增多，保险公司特别是中小寿险公司的万能险业务、股权投资业务接连受限，保监会一个月内连续出台八项措施严控行业风险，努力挽回保险行业声誉。基于此，本书提出研究假设 1：

研究假设 1：保险公司规避监管要求、监管机构目标分歧和舆论大规模负面报道引发了此次保险行业声誉风险。

现有文献表明，声誉事件发生后，利益相关者对同行业其他企业的预期会发生正负两方面的变化。一方面，企业声誉风险可能具有负的外部性效应，"城门失火，殃及池鱼"，这意味着特定公司的声誉事件跨越了公司边界，对其他相似公司产生了类似的影响。此外，保险公司声誉和投保人认知之间可能存在信息不对称，这种不对称导致保险公司可能受到行业中相似保险公司声誉事件的影响。另一方面，公司在同一行业内竞争，一家公司发生危机可能是其他公司受益的机会，从竞争视角来看这种溢出效应是正向的，这也会被利益相关者特别是投保人和投资者所感知并影响其预期，即"渔翁得利"，特别是经营业务异于涉事公司的保险公司不仅没有"一损俱损"，反而"因祸得福"。为此我们提出研究假设 2 和研究假设 3：

研究假设 2：声誉事件会对经营业务相似涉事公司的保险公司产生传染效应。

研究假设 3：声誉事件会对经营业务异于涉事公司的保险公司产生竞争效应。

三、保险行业声誉风险的形成：内因、触发点与外因

本书从利益相关者角度来分析保险行业声誉风险的传导机制，具体包括涉事保险公司、非涉事保险公司、监管部门以及新闻媒体，分析各利益相关者在行业声誉风险形成中所扮演的角色，如图 7.3 所示。纵观整个声誉风险的发生、演变过程，我们发现，涉事保险公司为满足偿付能力二代监管标准，使用万能险保费在资本市场频频举牌蓝筹股；"险资概念股"应运而生，游资跟风炒作造成股价剧烈波动，引发多家上市公司强烈不满，证监会主席为稳定证券市场，发表"野蛮人"讲话；媒体一边倒地谴责涉事保险公司激进投资策略，牵连非涉事保险公司一同陷入声誉危机；保监会被舆论绑架，监管态度从"放开前端，管住后端"转为"保险业姓保，保监会姓监"，收紧保险公司股票投资、万能险业务，部分公司现金流短缺，声誉事件持续升级。下文我们进行具体阐述。

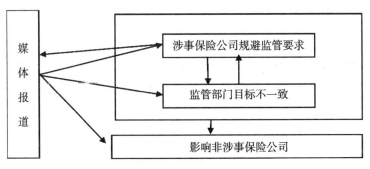

图 7.3　保险业声誉风险的形成机制

（一）内因：涉事保险公司规避监管要求

保险公司使用万能险保费举牌，"长险短做""短险长投""杠杆投机"会增加资产负债不匹配风险和流动性风险。事实上，保险公司从2000年就开始销售万能险，但万能险演变成寿险公司保费收入最主要来源的"中短期理财险"，源于保险费率市场化改革，使得万能险相比银行理财产品具有更多优势：①万能险收益率不能超过2.5%的上限被打破，当实际年化收益率在5.5%左右时和银行理财产品基本持平，同时还有120%的死亡保障；②万能险的退保金大幅降低，从以前的50%（1年内退保）、25%（2年内退保）直接降为5%或1%；③通过与银行、网络平台（蚂蚁金服等）合作，销售渠道拓宽，缴费方式更加灵活。

根据我国目前实行的"偿二代"监管框架，保险公司持有权益类资产更容易满足监管标准，也是险资频频举牌蓝筹股的原因。根据《企业会计准则第22号——金融工具确认和计量》，当持股比例超过20%时，保险公司可以将资产负债表中的"可供出售金融资产"转为"长期股权投资"，而记账方式也由公允价值法转为权益法，不但可以避免股票市值波动，还能分享上市公司的净利润。恒大人寿2016年净亏损4.23亿元，但其去年在资本市场通过股票投资获利53.38亿元，同比增长近26倍。所以，在"低利率""资产荒"的大背景下，越来越多的寿险公司效仿这种激进投资模式。

（二）触发点：监管机构存在分歧

保险资金从2013年开始进行大规模股票投资，持有蓝筹股的比例也从1.4%增长到2016年初的11.5%。2015年证券市场剧烈波动，保监会提出"放开前端，管住后端"，提高保险机构股票投资比例，本意是拓宽保险资金运用渠道，维护资本市场发展。2016年末证监会主席的"野蛮人"讲话之后，保监会2017年1月出台《中国保监会关于进一步加强保险资金股票投资监管有关事项的通知》，2月对涉事保险公司做出了相应处罚，具体见表7.10和表7.11。

表 7.10　保监会对涉事险企的违规处罚

时间	公司	违规行为	处罚结果
2017.02.24	前海人寿	编制提供虚假资料；违规运用保险资金	罚款 50 万元和 30 万元；对公司董事长姚某撤销任职资格并禁止进入保险业 10 年的处罚
2017.02.24	恒大人寿	违规运用保险资金；短期炒作相关股票造成恶劣社会影响	给予刘某和吕某某禁止进入保险业 5 年和 3 年的处罚
2017.05.05	安邦人寿	"安邦长寿安享 5 号年金保险"产品设计偏离保险本源，把长期年金长险短做，扰乱市场秩序	3 个月禁止申报新业务

表 7.11　保监会对险资举牌的态度

时间	保监会讲话
2016.03	只是二级市场的普通投资行为，保险机构作为长期投资者，对股票市场的稳定发展具有非常重要的支持作用
2016.07	要密切关注资金运用风险，坚持"保险姓保"
2016.12	保险资金运用必须把握审慎稳健服务主业的总体要求，绝不能让保险机构成为"野蛮人"，也不能让保险资金成为资本市场的"泥石流"
2017.01	把防控风险放到更加重要的位置，重点围绕公司治理、保险产品和资金运动三个关键领域，下决心处置潜在风险点
2017.02	"绝不能把保险办成富豪俱乐部，更不容许保险被金融大鳄所借道和藏身"

险资举牌的争议主要涉及资金来源、资金用途是否"违规"。如果单纯从保险业角度分析，险资举牌特别是大量增持 A 股市场中一直被

价值低估的蓝筹股，通过资金优势获得高额投资收益，对于保险公司、保险行业甚至投保人而言都是有益的。一方面，保险资金投资困顿（2011—2013 年寿险行业实际投资率分别仅为 1.3%、5.05% 和 3.9%；2014—2016 年则分别为 8.69%、8.01% 和 4.07%，具体可以见表 7.12）的局面可以得到显著改善；另一方面，保险公司投资收益增加、资本规模增强，有利于稳定经营、保护保单持有人利益、扩大承保业务，服务实体经济发展。此外，保险公司资产负债期限不匹配风险和流动性风险增加则是寿险业长期难以解决的问题，不能完全归咎于万能险保费规模急剧扩张。总体看来，保监会对险资举牌从最早的支持态度，到反复强调"保险业姓保，保监会姓监"，符合监管需要，符合"筑劳行业稳定健康发展的根基"这一根本宗旨。

表 7.12　2014—2016 年部分寿险公司投资收益率统计

公司	2014 年	2015 年	2016 年
前海人寿	7.5%	7.2%	6.76%
恒大人寿	5.2%	1%	4.56%
安邦人寿	4.9%	11.4%	6.08%
阳光人寿	4.7%	6.5%	3.75%
富德生命	5.9%	8.0%	6%
华夏人寿	5.6%	7.1%	9.01%
中国人寿	4.8%	5.9%	2.50%
太保寿险	5.6%	5.8%	3.83%
平安人寿	4.6%	6.3%	4.28%
新华人寿	5.8%	7.5%	3.21%
行业平均	8.69%	8.01%	4.07%

数据来源：保险公司 2014—2016 年年报。

与之形成鲜明对比的则是证监会对险资举牌的"不鼓励"态度。从证监会视角分析，首先，个别险企在资本市场"快进快出"的操作手法，扰乱了资本市场的正常秩序，违反证监会促进资本市场健康发展的监管目标；其次，在险资举牌的巅峰时刻，大量资金跟风炒作，不利于保护中小投资者的利益；最后，保险公司举牌资金来源包含监管的"灰色地带"，不利于维护市场的公开、公平和公正。因此，时任证监会主席的公开讲话才会产生连锁反应，才会引发如此巨大的保险业声誉危机。证监会碍于监管权限无法对险资进行有效监管，而保监会2015年7月调整蓝筹股投资比例主旨是为提高险资投资收益，维护证券市场运行。因此我们认为，此次保险业声誉危机最终爆发，在于证监会、保监会监管目标的不一致，二者之间存在监管权限壁垒。

(三)外因：媒体大范围负面报道

如果说保险公司规避监管要求，证监会、保监会的监管目标不一致只是本次声誉危机的导因，那么媒体的负面报道和大肆渲染(具体详见表7.13)，特别是互联网的快速传播，则是造成声誉风险的外因。浏览网站新闻对相关事件的描述：宝能"抢"万科、恒大"割韭菜"、安邦举牌大蓝筹和宝能"入侵"南玻A，对险资、险企一律使用贬义性修饰词；大V、公众号等社交媒体更是高频率、大范围引用证监会主席的讲话"我希望资产管理人，不当奢淫无度的土豪、不做兴风作浪的妖精、不做坑民害民的害人精"。也就是说，在监管机构对涉事保险公司是否违规的调查结果公布之前，新闻报道已经抢先对整个保险行业问罪，进而绑架舆论"实业vs资本之战"，在一定程度上利用这种负面情绪倒逼监管机构"顺应民意"。

表7.13 媒体对险资举牌的报道

时间	媒体	标题	主要内容
2016.12.01	证券时报	熟悉的"野蛮人"在线前海人寿增持格力电器至4.13%	格力电器公司优质、股权分散和万科相似，成为宝能"猎物"

续表

时间	媒体	标　　题	主　要　内　容
2016.12.03	金融界	刘士余批野蛮人强盗式收购：是人性和商业道德的沦丧	刘士余在中国证券投资基金业协会第二届会员代表大会演讲的全文
2016.12.03	金融投资报	险资举牌是福是祸？上市公司对此没好感	险资快进快出，与上市公司管理层发生冲突，扰乱资本市场秩序
2016.12.06	北京晨报	董明珠喊话资本不要做罪人	资本如果成为中国制造的破坏者，他们会成为罪人
2016.12.12	经济日报	保险资金不能成为豪赌筹码	险资收购资金来源违规，杠杆收购形同豪赌

　　而声誉严重受损的保险行业，显然缺乏应对声誉危机的公关经验和及时补救受损声誉的策略。证监会主席2017年2月10日的公开讲话中更是明确表示"我们大的险企人保、国寿都是好的，'野蛮人'只是媒体对险资的解读，已经众口难辨"；声誉危机发生后，保监会连续出台各项从严监管的政策法规（见表7.14），努力将全行业的风险降到最低。可惜这些正面声音、监管措施似乎并没有之前的"强盗""妖精论"传播范围广泛，让人印象深刻。因此，保险行业在面对声誉危机时，采取消极态度被动应对，危机公关意识落后，加速了声誉风险的全面爆发。

表7.14　2017年保监会监管新规

时间	文　　件	目　　标
2017.01.26	《中国保监会关于进一步加强保险资金股票投资监管有关事项的通知》	防范保险机构激进投资；加强对保险机构与非保险一致行动人重大股票投资行为的监管

时间	文　件	目　标
2017.04.23	《中国保监会印发关于进一步加强保险业风险防控工作的通知》	对保险公司提出 39 条风险防控措施要求
2017.04.28	《中国保监会印发关于强化保险监管、打击违法违规行为、整治市场乱象的通知》	整治虚假注资；坚决遏制违规投资、激进投资行为；整治产品不当创新；整治违规套取费用
2017.05.16	《关于规范人身保险公司产品开发设计行为的通知》	整顿人身险业务，产品回归保障功能

来源：保监会官方网站。

综上所述，涉事保险公司规避监管要求是行业声誉风险爆发的内因，监管壁垒的存在及监管目标的不一致是触发点，媒体大肆渲染造成的轰动效应是引发行业声誉危机的外因。

四、保险业声誉风险溢出的分析

(一)退保率的变化

银行面临声誉风险时，会发生储户挤兑的现象，但保险和储蓄不同，其更加注重"跨状态配置"和"风险保障"。储户提取存款没有成本，还能获得利息收入，但投保人退保既要损失退保金，还要放弃长期保障服务。因此，大规模退保的情况在保险业鲜有发生。然而，2017 年保险行业已经公布的年报显示，33 家寿险公司在 2016 年退保金增加，其中 19 家公司的退保率同比增长 50%，全行业退保金超过 4000 亿元，约占全年保费收入的 20.29%。从表 7.15 可得，2016 年投资激进型险企(除华夏人寿)几乎都在经历退保潮，成立时间不长的上海人寿退保金同比更是高达 10800000.00%，表明保险合同最重要的利益相关方——

投保人，对陷入声誉危机的保险公司信心缺失，声誉事件对与涉事公司业务类型相似的中、小寿险公司产生了更加明显的传染效应，研究假设2成立。与此同时，中国人寿、太保寿险、平安人寿的退保金同比大幅降低，退保率大大低于寿险业均值（20.29%），偿付能力充足率也稳定在合理区间。这说明，不同于前海、恒大人寿等激进投资型保险公司，以保障为主的传统保险公司受到声誉事件的正外部性影响，声誉事件中存在信息溢出的竞争效应，即研究假设3成立。

表7.15　2016年部分寿险公司退保情况统计

公司	退保金（亿元）	同比增长	退保率	偿付能力充足率
前海人寿	90.06	526.29%	40.85%	112.47%
恒大人寿	7.89	37.46%	22.74%	109.68%
安邦人寿	294.82	258.21%	21.85%	165%
和谐健康	5.46	714.93%	0.51%	113.67%
安邦养老	0.00016	515.38%	6.15%	163.7%
阳光人寿	109.05	22.85%	24.52%	250.72%
富德生命	234.91	214.21%	22.99%	114%
上海人寿	32.43	10800000.00%	29.86%	139.81%
华夏人寿	5.64	-45.87%	1.19%	125.85%
中国人寿	739.22	-30.70%	17.34%	297.16%
太保寿险	135.38	-46.31%	9.86%	257%
平安人寿	160.43	-3.15%	5.83%	225.86%
新华人寿	437.77	-19.43%	38.89%	281.30%

数据来源：保险公司2016年年报。

最新保监会统计显示，2017年1~4月，人身险保费收入1.45万亿

元，同比增长 35%，远远低于去年同期的 56%，万能险保费收入 2747
亿元，同比减少 4223 亿元，同比下降 61%。从表 7.16 可以看出，2017
年 1~4 月举牌事件所涉险企保费增长显著下降，万能险保费收入更呈
断崖式下降，而平安人寿的寿险原保费收入和万能险保费收入远远高于
行业平均水平，再次证明假设 2、假设 3 的传染效应和竞争效应显著。
声誉事件后，消费者对涉事公司信任度降低，更倾向选择传统寿险公司
投保。

表 7.16　2017 年 1~4 月部分寿险公司保费统计

公司	保费收入（亿元）	同比增长	万能险保费（亿元）	同比增长
前海人寿	163	−69%	1	−100%
恒大人寿	—	—	56	−62%
安邦人寿	1888	—	19.0	−99%
和谐健康	359	−12%	12.9	−96%
安邦养老	0.71	−81%	7.4	−90%
阳光人寿	195	—	41	−64%
富德生命	473	−6%	250	−38%
上海人寿	49	−51%	55	−41%
华夏人寿	442	—	458	−61%
中国人寿	2684	20%	420	−45%
太保寿险	827	40%	68	−6%
平安人寿	1769	41%	378	17%
新华人寿	437	−20%	23	33%

数据来源：中国保监会官方网站。

(二)保险板块市值波动

为考察此次声誉危机对其他保险公司或者保险行业的影响，我们截

取了 2016 年 12 月 3 日(证监会主席发表讲话)和 2017 年 2 月 24 日(保监会对涉事公司实施处罚)两个重要时间点,观察资本市场上滞后一个交易日保险板块股票市值的变化(详见表 7.17)。研究发现,涉事公司天茂集团(控股国华人寿)在两个声誉事件时间点的股价下跌幅度都高于当日股指,而作为 A 股保险公司代表的中国人寿被声誉事件负外部性影响,跌幅较高,说明传染效应存在;但是中国平安、中国太保、新华保险的同期股价跌幅较小,说明声誉风险的传染效应会因公司业务类型不同而影响不同。

表 7.17　声誉事件后 A 股保险板块市值变化的比例

类　　型	公　　司	2016 年 12 月 5 日	2017 年 2 月 27 日
上市保险公司	中国平安	-0.03%	-0.66%
	中国人寿	-1.39%	-2.03%
	中国太保	-0.26%	-0.62%
	新华保险	-0.61%	-2.17%
控股保险公司	西水股份(天安财险)	-1.17%	-0.78%
	天茂集团(国华人寿)	-3.23%	-1.92%
	上证指数	-1.21%	-0.27%

数据来源:国泰安数据库。

根据集体声誉理论(Tirole,1996;Winfree & McCluskey,2005;Levine,2013),个体声誉的加总构成集体声誉,新加入成员的声誉也会受集体中已有成员的声誉事件影响,即使声誉危机结束,集体声誉也不会立刻发生改变。综合上述分析,个别公司在资本市场的激进投资行为造成保险行业集体声誉受损,引发非涉事险企的市值损失,尽管传统型保险公司的竞争效应可以抵消部分传染效应,但整个保险行业的核心利益受损,即个别保险公司的声誉事件导致了保险行业的声誉风险,从而表明声誉风险具有溢出效应。

(三) 声誉风险引发系统性风险的可能性增加

保险业系统性风险包括广义和狭义两个层次，广义的保险业系统性风险(systemic risk)是指造成金融服务、金融机构功能丧失，对实体经济形成冲击，产生负面影响的保险风险(Eling & Pankoke, 2016)。狭义的保险业系统性风险(systematic risk)局限于金融系统内，强调个别保险公司的异质性风险、最终演化成单个保险公司无法分散的系统性风险，并给其他金融机构带来局部、区域或者全局的负面影响(王超、王向楠, 2015)。

1. 狭义的系统性风险

如果从退保金规模来看，位居前列的虽然是人保、太保、平安这些大型保险集团，但本次声誉危机对中小型寿险公司影响更为显著，比如2016 年成立的上海人寿，退保率甚至接近 30%。这些事实不仅论证了前人提出的集体声誉理论，而且需要我们考虑声誉风险和其他风险的相关性，防止狭义的保险业系统性风险发生。

保险公司"中短存续期"化万能险产品①，就需要不断扩大万能险业务、不断吸收保费来维持这种资产负债表的平衡。声誉风险带来的大规模退保(投保人信心丧失)、万能险业务被叫停(监管升级)，已经使部分保险公司的资产负债不匹配风险和流动性风险大大提高(具体可见表 7.18)，安邦人寿、前海人寿、富德生命人寿的财务稳健性指标已经进入高危标准，大大低于传统保险公司。中国保监会注意到此次声誉危机的严重性、特殊性后，一个月内 8 次下发文件，纠正目前保险业的各种乱象。"严控虚假出资、多层次嵌套投资和违规套费"，可能会使部分现金流已经紧缺的保险公司面临违约风险，然而经营风险绝不是相互独立的，如果在保险公司和其他金融机构之间传播，极有可能触发狭义

---

① 保险公司把实际久期为一年的资金投入到久期长达几年到几十年的长期股权投资，短险长投，实际发生的投资现金流只是作为现金分红计入会计报表，资产负债期限不匹配。

的系统性风险。

表 7.18 保险公司财务稳健性

公司	Z-Score	公司	Z-Score
安邦人寿	8.264	中国人寿	69.494
恒大人寿	25.271	太保寿险	38.738
前海人寿	9.865	平安寿险	63.264
华夏人寿	14.003	新华人寿	37.203
阳光寿险	36.917	富德生命人寿	11.697

资料来源：2014—2015 年数据来自《中国保险年鉴》，2016 年数据来自各保险公司年报。

2. 广义的系统性风险

2008 年美国金融危机过后，已经有大量的学者和研究机构对于保险公司是否会引发广义的系统性风险做过研究和调查，具体结论包括：保险公司不同于银行，一般只是危机的被传染者；保险公司经营传统的寿险、非寿险和再保险业务不会造成系统性风险，但是非传统业务（比如 AIG 参与的次级贷业务）则有可能引发系统性风险（Cummins，2014；Eling，2016）。此次声誉危机，非传统保险业务对实体经济的传染表现在：①保险公司成为所属控股集团的融资平台；②资本系操纵保险公司争夺上市公司经营权；③大量上市公司对保险人举牌行为强烈不满，明确表示险资已经危害实体经济的有序发展。这些都是保险业和监管部门从未遇到过的新情况和新问题。

保险公司选择收益好、分红水平高的蓝筹股进行大规模股权投资，有助于提高经营绩效，稳定资本市场，促进实体经济发展。反之，如果寿险公司纷纷仿效激进投资策略，把保险产品做成理财产品，把保险公司变成控股集团的"私人银行"，那就丧失了长期保障的根本职能，丧失了寿险公司不同于银行的金融功能，整个保险业的声誉势必会一落千丈。此外，上市公司是否支持险资的举牌行为，主要取决于保险公司背后的控股人是否争夺经营控制权，是否采取激进的投资策略造成股价剧烈波动。"宝万之争"大大消耗了万科的核心价值，南玻集团高管和宝能系发生冲突、离职，伊利股份、格力电器因为担心会变成下一个万科集团，采取各种措施对抗险资的股权收购行为。保险公司背后的控股集团看重价值低估的蓝筹股能带来的巨大收益，而不是上市公司的长远发展，如果大量上市公司被持有保险牌照的资本系控制，对实体经济部门有害无利。所以，不同于 AIG 风波，防止我国保险业声誉风险触发广义系统性风险的重点应是完善保险公司的投融资功能，完善保险公司的公司治理，防止制造业被金融业牵连，危害实体经济健康发展。

五、总结与建议

本节以"险资举牌"作为典型案例进行介绍，详细分析了此次保险业声誉风险的形成机制：保监会为拓宽保险资金投资渠道，实行保险费率市场化改革，提出"放开前端，管住后端"，涉事保险公司规避监管要求，万能险演变成"中短存续期理财产品"，不断扩张的万能险保费则成为举牌资金来源，引发资本市场震动；证监会、保监会之间存在监管空白；证监会主席发表"野蛮人"讲话后，舆论被媒体引导成"资本 vs 实业"之争，涉事保险公司没有及时引导舆情，牵连非涉事公司一同陷入行业声誉危机。

研究发现，涉事保险人的声誉事件会造成非涉事保险人的声誉损失：寿险公司 2016 年遭遇大规模退保，A 股保险板块股价在声誉事件后剧烈波动，作为衍生风险的声誉风险，还可能引发狭义或广义的保险业系统性风险，表明声誉事件的信息负外部性即传染效应显著。与此同时，承保、投资业务一向稳健的传统寿险公司，比如中国人寿、平安人寿、太平洋人寿、新华人寿的退保率同比大幅降低，保费收入增加，说明声誉事件的正外部性即竞争效应存在。2014—2016 年一系列"险资举牌"事件对保险业、金融业甚至实体经济部门都产生了巨大的连锁反应，保监会虽然在 2017 年 4 ~5 月连续发布了八项监管新政试图控制保险行业风险、稳定保险公司经营，消除此次保险业声誉危机的负面影响。但是，"中短存续期理财险业务"的全面叫停，使寿险行业进入新的转型期。

作为金融领域不可或缺的一个重要部门，保险公司、保险业在我国发挥的投融资功能和保障作用，长久以来都被低估，而这次行业声誉危机的爆发，对保险业、金融业具有转危为机的意义。针对本书的研究结果，我们对保险业声誉风险的治理有如下建议。

第一，保险行业应重视声誉事件，提高舆情应对能力。保险公司在面对声誉事件时，应及时披露公开信息，对于失实的、错误的报道要迅速澄清，采取必要的法律手段维护自身权益。早在"宝万之争"白热化之前，即 2015 年中至 2016 年初，关于险资举牌、万能险保费投资是否合规的问题，就已经引起保险业内人士、学者和媒体的热议。实际上，涉事公司的激进投资策略并未违反当时的监管规定，反而提高了股票市场的流动性。涉事保险公司处理不利舆情时，需要及时披露公开信息，要求媒体就不恰当言论道歉，阻止不实新闻传播，这才是对股东、保单持有人、公司员工负责任的态度，也是对行业声誉的保护态度。根据集体声誉理论，行业声誉"一损俱损，一荣俱荣"，保险行业声誉的建立可能需要数年、数十年的努力，但崩塌却只用了"一篇讲话"的时间。不管是涉事保险公司还是非涉事保险公司，都应在声誉事件发生时及时做好危机的公关处理，避免全行业因为某家、某几家保险公司的"灰色行为"而陷入声誉危机的情况再发生。

第二，保险行业应尽快建立行业声誉风险指数，评价声誉风险的管理情况。声誉作为企业的无形资产，对声誉的准确度量是管理好声誉风险的前提。国际上较为著名的 Harris-Fombrun 指数就是将各公司六大类一级指标，二十项声誉风险因子的二级指标建模，每年评分。我国保险业可以借鉴已有的声誉风险指数，结合保险公司独有的经营特点，设定相应的一级指标和二级风险因子。在测度保险公司声誉指数的过程中，可以运用因子分析技术，从衡量保险公司声誉风险的各项指标中提取公因子，并通过与主成分分析类似的方法给公因子赋予权重，根据各公司权重计算综合评价得分，从而得出保险行业的声誉风险指数。从"险资举牌"系列事件的后续反应来看，监管机构需要尽快建立保险业声誉风险的预警、处理机制，防止再次出现全行业被舆论绑架的情况。

第三，监管机构作为保险行业的声誉共同体，应加强监管的即时执行力。中国保监会一直鼓励保险机构做大做强保险业，但监管政策很难及时适应金融环境的变化，这使保险公司在面对新的投资机会时往往难以界定合规与否。保险人因为"灰色行为"陷入争议，保监会从派出人员到涉事公司调查取证，到根据调研结果更新监管规则，需要花费大量的人力、物力和时间。一方面，我们应该支持监管机构对待保险业新问题、新局面采取科学审慎的监管态度，落实事中调查、事后处罚的监管流程；另一方面，监管机构应该对"灰色行为"做出事前预判，对于违规行为坚决打击，对于合规行为及时肯定，防止被舆论绑架，避免全行业声誉损失。此外，保险监管机构应从这起声誉事件出发，尽快落实"偿二代"提出的三支柱监管框架，更加重视功能监管、穿透式监管、行为监管，弥补监管短板，构建严密有效的保险监管体系。

第四，金融业分业监管但实际混业经营的弊端正在进一步凸显，相关部门应全面协调"一行三会"的监管目标、消除监管壁垒，不能仅仅强调"相关部门责任人承担相应风险"，而是要在源头上把控金融业的整体风险，构建统一的宏观审慎监管框架。

第八章　结论与启示

第 一 节　研 究 结 论

一、声誉风险的形成传导机制

影响声誉风险的因素既有外部环境因素，也有微观层面公司自身的影响因素。研究发现，经济社会环境的变化、政策法规的变更、保单持有人保险意识的偏差和公司违法违规经营是保险公司、保险行业发生声誉风险的主因。根据集体声誉理论，随着公司数目的增加，会有越来越多的中小保险公司希望"搭便车"，保险行业的集体声誉最终由行业中声誉最低的保险公司决定。新开业保险公司的声誉会受行业中已有成员的声誉事件影响，即使声誉危机结束，行业声誉也不会立刻发生改变。此外，监管者声誉会影响潜在投保人对行业声誉的认知。投保人会根据行业中稳健型、激进型保险公司的比例来判断监管机构的能力，严重情况下，潜在投保人会因为对监管者丧失信任（监管者声誉过低）而选择其他金融产品，保险公司无法继续经营，甚至触发行业系统性风险。

二、声誉风险的定量估计

在 Harris-Fombrun 编制的普通企业声誉指数的基础上，本书设计了专门针对保险公司的声誉指标，具体包含九类一级指标，35 项二级指标，全方位度量了保险公司 2010—2016 年的声誉情况。研究发现，声誉指数最高的三家公司为中国人寿、平安人寿和太平洋寿险公司，声誉指数最低的公司为新光海航、中法人寿和瑞泰人寿，基本符合寿险行业的现实情况。

此外，实证分析表明：寿险公司声誉指数会随经营规模、经营模式、偿付能力充足率和销售渠道不同而发生显著差异。通过度量寿险公司 2010—2016 年声誉情况发现，经营状况也受保险公司声誉影响。保险公司声誉和经营绩效存在显著正相关关系，和经营风险呈显著负相关关系。虽然声誉低的公司（激进经营）可以提高投资收益，降低综合费用率，但它们过度在意扩大承保规模，忽视承保质量，同时也提高了综合赔付率，这种经营策略长期看来不可取。

保险公司的声誉风险具有信息溢出效应，不仅会对和涉事公司经营业务相似的非涉事公司形成传染效应，也会对和涉事公司经营业务迥异的非涉事公司形成竞争效应。基于前人事件研究的基础，本书详细分析了 2013—2016 年影响寿险行业的九大声誉事件，通过计算六家上市险企的异常收益率，估算出保险行业的声誉损失，统计检验后得出事件窗口期在(-5，5)和(-3，3)时全行业的声誉损失符合国外研究结论。

三、声誉风险的案例分析

本书以"前海人寿""险资举牌"作为典型案例进行介绍，详细分析了此次保险公司、保险行业声誉风险的形成、传导机制，以及声誉危机的经济后果。研究发现，涉事保险人的声誉事件会造成非涉事保险人的声誉损失：寿险公司 2016 年遭遇大规模退保，A 股保险板块股价在声誉事件后剧烈波动，作为衍生风险的声誉风险还可能引发狭义或广义的保险业系统性风险，表明声誉事件的信息负外部性即传染效应显著。与此同时，承保、投资业务一向稳健的传统寿险公司，比如中国人寿、平安人寿、太平洋人寿、新华人寿的退保率同比大幅降低，保费收入增加，说明声誉事件的正外部性即竞争效应存在。2014—2016 年，一系列声誉事件对保险业、金融业甚至实体经济部门都产生了巨大的连锁反应。证监会、保监会之间存在监管壁垒，监管者出台政策法规"朝令夕改"，严重拉低公权力的可信度。虽然监管机构在 2017 年 4 ~5 月连续发布了八项监管新政试图控制保险行业风险、稳定保险公司经营，消除此次保险业声誉危机的负面影响。但是，"中短存续期理财险业务"的全面叫停，迫使寿险行业进入新的转型期。

第二节 声誉风险的管理

保险行业声誉不佳、形象不好的问题比较突出，主要表现为"三个不认同"。一是保单持有人不认同。理赔难、销售误导、推销扰民等损害潜在投保人对保险业形象的事件屡屡发生，问题反映强烈，且从未得到改善。二是从业人员不认同。保险业基层员工压力大、收入低、社会地位低，得不到应有的尊重，甚至自我歧视。三是社会不认同。行业总体上仍停留在"重规模、轻质量"的粗放经营发展阶段，为了提高承保规模，不惜违法违规、弄虚作假，在社会上产生了恶劣的影响。而以上种种"行业乱象"正在不断侵蚀保险业发展的基础，损害保险业集体形象，如果不能及时有效地解决，就会进一步引发声誉危机，甚至发生保险业系统性风险。针对这些行业现状，以及 2013—2016 年保险行业声誉危机的种种问题，我们提出如下管理措施。

一、公司层面

"宝万之争"进入白热化阶段，市场普遍对前海人寿杠杆收购股权的资金缺口高估，并被媒体大量引用。事实却是前海人寿通过了保监会组织的压力测试，实际杠杆率约为 12 倍。因此，保险公司遭遇声誉事件时，必须迅速公开披露重大信息，阻止媒体的负面不实报道，提高舆情处理的效率，维护自身和行业集体声誉。2017 年 5 月，前海人寿被传存在 600 亿元资金缺口、无法维持经营时，公司吸取之前的教训，立即发出公开声明辟谣，防范声誉风险蔓延。

除了及时公开信息，保险公司还应提高对声誉危机的预警能力，预估声誉事件可能带来的各种损失，这也是保险公司提升社会责任感的表现。保险公司应对可能的声誉风险进行预判和评估，特别是拟进行"重大战略调整，参与重大项目或是涉及重大违规经营，进入行政调查或处罚程序"时，应对声誉事件进行分级处理，对于特别严重，可能影响公司正常经营的声誉风险进行实时观测，及时向媒体、公众传递积极信号，引导正面舆论传播。

（一）声誉风险的管理原则

①前瞻性原则。保险机构应坚持预防为主的声誉风险管理理念，加强研究，防控源头，定期对声誉风险管理情况及潜在风险进行审视，提升声誉风险管理预见性。

②匹配性原则。保险机构应进行多层次、差异化的声誉风险管理，与自身规模、经营状况、风险状况及系统重要性相匹配，并结合外部环境和内部管理变化适时调整。

③全覆盖原则。保险机构应以公司治理为着力点，将声誉风险管理纳入全面风险管理体系，覆盖各业务条线、所有分支机构和子公司，覆盖各部门、岗位、人员和产品，覆盖决策、执行和监督全部管理环节，同时应防范第三方合作机构可能引发的对本机构不利的声誉风险，充分考量其他内外部风险的相关性和传染性。

④有效性原则。保险机构应以防控风险、有效处置、修复形象为声誉风险管理最终标准，建立科学合理、及时高效的风险防范及应对处置机制，确保能够快速响应、协同应对、高效处置声誉事件，及时修复机构受损声誉和社会形象。

（二）全流程管理

保险机构应建立声誉风险事前评估机制，在进行重大战略调整、参与重大项目、实施重大金融创新及展业、开展重大营销活动及媒体推广、披露重要信息、涉及重大法律诉讼或行政处罚、面临群体性事件、遇到行业规则或外部环境发生重大变化等容易产生声誉风险的情形时，应进行声誉风险评估，根据评估结果制定应对预案。

保险机构应建立声誉风险监测机制，充分考虑与信用风险、保险风险、市场风险、流动性风险、操作风险、国别风险、利率风险、战略风险、信息科技风险以及其他风险的关联性，及时发现和识别声誉风险。保险机构应建立声誉事件分级机制，结合本机构实际，对声誉事件的性质、严重程度、传播速度、影响范围和发展趋势等进行研判评估，科学分类，分级应对。

保险机构应加强声誉风险应对处置，按照声誉事件的不同级别，灵活采取相应措施，可包括：

①核查引发声誉事件的基本事实、主客观原因，分析机构的责任范围；

②检视其他经营区域及业务、宣传策略等与声誉事件的关联性，防止声誉事件升级或出现次生风险；

③对可能的补救措施进行评估，根据实际情况采取合理的补救措施控制利益相关方损失程度和范围；

④积极主动统一准备新闻口径，通过新闻发布、媒体通气、声明、公告等适当形式，适时披露相关信息，澄清事实情况，回应社会关切；

⑤对引发声誉事件的产品设计缺陷、服务质量弊病、违法违规经营等问题进行整改，根据情节轻重进行追责，并视情况公开，展现真诚担当的社会形象；

⑥及时开展声誉恢复工作，加大正面宣传，介绍针对声誉事件的改进措施以及其他改善经营服务水平的举措，综合施策消除或降低声誉事件的负面影响；

⑦对恶意损害本机构声誉的行为，依法采取措施维护自身合法权益；

⑧声誉事件处置中其他必要的措施。

保险机构应建立声誉事件报告机制，明确报告要求、路径和时限。对于符合突发事件信息报告有关规定的，按要求向监管部门报告。保险机构应强化考核问责，将声誉事件的防范处置情况纳入考核范围，对引发声誉事件或预防及处置不当造成重大损失或严重不良影响的相关人员和声誉风险管理部门、其他职能部门、分支机构等应依法依规进行问责追责。保险机构应开展全流程评估工作，对相关问题的整改情况进行跟踪评价，对整个声誉事件进行复盘总结，及时查缺补漏，进一步完善制度、规范流程，避免同类声誉事件再次发生。

(二) 常态化建设

保险机构应定期开展声誉风险隐患排查，覆盖内部管理、产品设计、业务流程、外部关系等方面，从源头减少声誉风险触发因素，持续完善声誉风险应对预案和相关内部制度。保险机构应定期开展声誉风险情景模拟和应急演练，检视机构应对各种不利事件特别是极端事件的反应能力和适当程度，并将声誉风险情景纳入本机构压力测试体系，在开展各类压力测试过程中充分考虑声誉风险影响。

保险机构应建立与投诉、举报、调解、诉讼等联动的声誉风险防范机制，及时回应和解决有关合理诉求，防止处理不当引发声誉风险。保险机构应主动接受社会舆论监督，建立统一管理的采访接待和信息发布机制，及时准确公开信息，避免误读误解引发声誉风险。

保险机构应做好声誉资本积累，加强品牌建设，承担社会责任，诚实守信经营，提供优质高效服务。保险机构应将声誉风险管理纳入内部审计范畴，定期审查和评价声誉风险管理的规范性和有效性，包括但不限于：

①治理架构、策略、制度和程序能否确保有效识别、监测和防范声誉风险；

②声誉风险管理政策和程序是否得到有效执行；

③风险排查和应急演练是否开展到位。

银行保险机构应加强同业沟通联系，相互吸收借鉴经验教训，不恶意诋毁，不借机炒作，共同维护银行业保险业整体声誉。

二、监管层面

银保监会及其派出机构应将保险机构声誉风险管理纳入法人监管体系，加强保险业声誉风险监管。银保监会机构监管部门和各级派出机构承担银保险机构声誉风险的监管责任，办公厅承担归口和协调责任。银保监会及其派出机构通过非现场监管和现场检查实施对保险机构声誉风险的持续监管，具体方式包括但不限于风险提示、监督管理谈话、现场检查等，并将其声誉风险管理状况作为监管评级及市场准入的考虑因素。

银保监会及其派出机构发现保险机构存在以下声誉风险问题，依法采取相应措施：

①声誉风险管理制度缺失或极度不完善，忽视声誉风险管理；

②未落实各项工作制度及工作流程，声誉风险管理机制运行不畅；

③声誉事件造成机构和行业重大损失、市场大幅波动；

④声誉事件引发系统性风险，影响社会经济秩序稳定或造成其他重大后果。

对于上述情形，可采取监督管理谈话、责令限期改正、责令机构纪律处分等监管措施，并可依据《中华人民共和国保险法》等法律法规实施行政处罚。中国保险行业协会等行业社团组织应通过行业自律、维权、协调及宣传等方式，指导会员单位提高声誉风险管理水平，妥善应对处置行业性声誉事件，维护行业良好声誉。

(一)公司治理监管

股东是公司治理的基础，由于保险经营的特殊性，《中华人民共和国保险法》对保险公司主要股东的出资能力和行为规范十分重视。以前海人寿为例，公司经过股权转换后，除了钜盛华为法人股东，其余四大股东均为自然人，这显然不符合金融机构(保险公司)对股东资质的要求，不符合满足保险保障职能所需的对股东良好财务状况和持续出资能力的要求。因此，监管机构要加强对公司股权变更的监管，要求各股东持股比例可以相互制衡，避免出现一股独大或者代持的情况。保险公司的股东应支持保险人正常经营，不得以牺牲、损害保单持有人的利益为代价来满足自己的利益，要加强信息披露和关联交易管理，防止非法利益输送。此外，根据保监会最新监管规定，已经提高对保险公司设立和高管人员任职资格的门槛，从根源控制风险，严格发放保险牌照，严格规定股东资质，防止保险公司被资本系绑架沦为"融资平台"。

国有、国有控股的保险机构，要坚持以党的政治建设为统领，充分发挥党组织把方向、管大局、保落实的领导作用，把党的领导融入声誉风险管理各个环节。已建立党组织的民营资本或社会资本占主体的银行保险机构，要积极发挥党组织政治核心作用，把党的领导与声誉风险管理紧密结合起来，实现目标同向、互促共进。

保险机构应强化公司治理在声誉风险管理中的作用，明确董事会、监事会、高级管理层、声誉风险管理部门、其他职能部门、分支机构和子公司的职责分工，构建组织健全、职责清晰的声誉风险治理架构和相互衔接、有效联动的运行机制。

保险机构董事会、监事会和高级管理层分别承担声誉风险管理的最终责任、监督责任和管理责任，董事长或主要负责人为第一责任人。

董事会负责确定声誉风险管理策略和总体目标，掌握声誉风险状况，监督高级管理层开展声誉风险管理。对于声誉事件造成机构和行业重大损失、市场大幅波动、引发系统性风险或影响社会经济秩序稳定的，董事会应听取专门报告，并在下一年听取声誉风险管理的专项报告。监事会负责监督董事会和高级管理层在声誉风险管理方面的履职尽责情况，并将相关情况纳入监事会工作报告。高级管理层负责建立健全声誉风险管理制度，完善工作机制，制定重大事项的声誉风险应对预案和处置方案，安排并推进声誉事件处置。每年至少进行一次声誉风险管理评估。

保险机构应设立或指定部门作为本机构声誉风险管理部门，并配备相应管理资源。声誉风险管理部门负责牵头落实高级管理层工作部署，指导协调其他职能部门、分支机构和子公司贯彻声誉风险管理制度要求，协调组织开展声誉风险的监测报告、排查评估、应对处置等工作，制订并实施员工教育和培训计划。其他职能部门及分支机构负责执行声誉风险防范和声誉事件处置中与本部门（机构）有关的各项决策，同时应设置专职或兼职的声誉风险管理岗位，加强与声誉风险管理部门的沟通协调，筑牢声誉风险管理第一道防线。保险机构应指导子公司参照母公司声誉风险管理基本原则，建立与自身情况及外部环境相适应的声誉风险治理架构、制度和流程，落实母公司声誉风险管理有关要求，做好本机构声誉风险的监测、防范和处置工作。

（二）行为监管

早在"宝万之争"初期，使用万能险为融资工具在资本市场购买股票和险企被股东操纵举牌的"灰色"行为就引起了争议。然而，不论是保监会还是证监会，最初都认定这只是一种市场行为，只要不违规、不违法就不实施监管干预。随之而来的"险资概念股"跟风炒作，扰乱资本市场秩序，损害中小股东的合法权益；宝能系等利用手中保险牌照嵌套投资、杠杆收购股票，争夺上市公司经营权，损害实体经济有序发展，是保险监管部门从未遇到的新问题、新情况。因此，保监会要加强对保险公司的行为监管，对于合规合法的保险创新业务应予以支持；对处于监管"灰色地带"的行为，应做出合理预判，根据可能造成的影响或者产生的后果及时处理纠正；对于违规行为，应即时从严查处，甚至实施顶格处罚，防止"个别险企"阻碍整个行业健康发展的情况再发生。

（三）功能监管

2017 年以来，"回归本源"是保险监管的主题，具体而言就是加强保险的保障职能，强调保险跨期分散风险的作用。但是，加强保障职能不等于弱化寿险保险人积蓄基金的功能，否则无法完成保险长期分摊损失和基金保值增值的作用。保险公司选择收益好、分红水平高的蓝筹股进行大规模股权投资，有助于提高经营绩效，稳定资本市场，促进实体经济发展。反之，如果寿险公司纷纷仿效前海人寿、恒大人寿的经营模式，把保险产品做成理财产品，把保险公司变成单一控股人的"私人银行"，那就丧失了寿险产品的长期保障作用，丧失了寿险公司不同于银行的存在价值，保险业的功能也就彻底丧失。所以，监管部门应继续对传统保险公司"放开前端"，扩大保险资金运用渠道，更好地支持保险业服务实体经济；要求投资激进型保险人改变现有的险种结构和盈利模式，回归保障职能。

(四)健全保险公司退出机制

保险行业声誉的建立和维护需要完善的准入、退出机制，才能防止低声誉公司继续"搭便车"，破坏集体声誉。目前，我国保险行业尚未形成退出机制，在实践中，中国保监会虽然对新华人寿、中华联合和安邦保险采取接管措施，保险保障基金注资，但没有出现保险公司因经营不善而破产倒闭的现象。监管机构 2011 年 9 月发布《保险公司保险业务转让管理暂行办法》，首次提出允许正常经营的保险公司间进行整体兼并收购、部分保险业务的剥离和转让，这一办法的出台可以使经营不善的公司转让业务后自愿退出市场。2014 年《保险公司收购合并管理办法》进一步为保险公司通过兼并退出市场指明了道路，尽管这两个办法为公司退出市场提出了"软着陆"出口，但真正的退出办法仍未落实，需要监管机构进一步推动保险市场的退出机制。

(五)防范政策风险带来的潜在声誉风险

由于保险业本身的特殊性，其在经营管理模式、风险控制、外部监管等方面都具有不同于一般生产企业的特点。因此，监管机构为保护保单持有人利益，对牌照审批、产品费率厘定和保险机构投资等方面保持审慎态度。然而，2015 年中开始，证券市场"千股涨停""千股跌停""熔断"等状况频发，保险资金作为市场的压舱石，纷纷加大权益类投资。个别险企被证监会主席批评为"野蛮人""妖精"后，保险行业权益类投资被集体叫停。2018 年上证指数再次击穿 2600 点后，保险公司股票投资的种种限制重新解绑。因此，监管机构要避免政策"朝令夕改"。

三、媒体舆论

舆论监督的主体是公众，新闻媒体运用舆论监督力量，帮助公众了解政府事务、社会事务和一切涉及公共利益的事务，并促使其沿着法制和社会生活公共准则的方向运作。以网络为代表的新媒体带来的变革，开启了公众自由表达的平台，使公众作为真正意义上之舆论监督主体的权力得到回归，但在公共事件的舆论监督中，公众自发的网络舆论往往具有偏激性，消息来源真假难辨，容易产生谣言和次生危机。公共事件发生后的多方介入造成真假信息涌现，使网络舆情瞬息万变。同时新媒体中各类主体均可作为信源自由表达观点，大大降低了信息的真实客观性，急需媒体专业性的新闻评论恪守理性，指出重点，引导舆论。

声誉危机发生后，寿险业退保率大幅上升，表明非涉事公司的正常展业受到波及，保监会作为保险业声誉共同体，需要做好舆情引导，消除大众对保险业的误解和偏见，特别是当国家管理职能部门、新华社对个别险企持负面态度时，更要支持保险业重塑声誉，加强行业形象建设。

因此，保险公司应做到以下几点。

①保险机构应第一时间披露真相，以尽量挤压小道消息和谣传空间。事实上，无论企业犯错与否，企业都需要一个正确的心态，人们通常对敢于认错、知错就改、勇于负责的行为叫好，却无法原谅欺骗和逃避负责的行为。

②保险机构应该未雨绸缪。险资举牌事件之后，多家媒体调查报道并没有深入分析，只是人云亦云，甚至助推负面影响以博眼球，媒体监督将更加专业深入。这对保险公司的声誉危机管理提出更高求。保险公司应未雨绸缪，做好危机管理的基础工作，包括构建舆论危机管理机制，加强与媒体日常沟通，建立与政府部门的沟通渠道。

③保险机构要学会积极疏导网络舆论危机。当前，网络负面信息已成为企业所要面临的日常挑战，并大有取代传统媒体负面报道而成为"心腹大患"之势。而关于网络，"宝万之争""险资举牌"事件还给告诉我们，保险公司要学会利用微博在危机公关中的正面引导作用。据了解，为了应对越来越多的批评声音，美国最大的零售连锁公司沃尔玛开始直接与网络"新贵"——社交网络平台进行合作，招募网民在网上为其声援，发动维护形象的公关战。

④寻找专业的公关团队，解决舆论危机。险资举牌事件还让我们看到，依托公关公司，借助它们专业的团队和管理经验，已成为企业应对舆论危机的重要方式。

⑤险资举牌事件告诉我们，保险公司舆论危机发生后，邀请公正、权威的机构协助解决危机，是保险机构控制危机事态发展、转危为安的重要方法。

⑥化危为机。保险机构舆论危机倒逼企业改善经营管理，加强保险公司品牌建设，发现问题、吸取教训，危机也可能成为企业发展的机遇。因此，保险公司舆论危机管理既要着眼前当前危机事件的处理，又要立足企业形象的塑造，要从全面、整体高度进行危机营销，争取获得多重效果和长期效益。

第三节　研究不足与未来研究启示

我国保险业受信息不对称问题困扰已久，"销售误导""投保人认知偏差"现象频发，迫切需要建立类似"大众点评"网的评分机制，科学合理地量化各家保险公司的声誉风险，防止低声誉保险公司搭便车，继续侵害投保人权益，从而阻碍全行业健康发展。为此，本书专门设计了针对保险公司的声誉指标体系，应用期望波动理论构建了声誉风险指数，实证分析了声誉风险引致的经济后果，并识别出寿险行业的声誉脆弱性性机构，研究结果符合保险公司和保险行业的现实经营状况。

本书虽然只是对保险行业声誉风险进行分析，但对银行等其他金融机构都具有借鉴性。针对本书的研究结果，我们认为还有以下几个方面可以继续改进。

第一，本书在一般均衡理论、博弈论等经济学理论的基础上，分析了声誉风险如何在公司和行业之间形成、传导的过程，具有一定的启示意义。但声誉风险和其他风险交织，可能触发系统性风险的理论模型还未涉及，期待今后可以进一步拓展应用。

第二，本书根据 2010—2016 年寿险公司及寿险行业发展情况，制订了适合寿险公司的声誉指数。与寿险公司不同，财产险公司经营期限短，公司和产品选择更具有同质性，还需要在寿险公司声誉指数的基础上，进一步制定适合财产险公司的声誉指数。

第三，某些异常数据或者强影响点、某些公司（安邦人寿、和谐健康）披露的历史财务数据不可靠，会严重扰乱声誉指数的结果，在今后的研究中还需要在统计方法上进行选择，削弱这些异常值对总体结果的影响。

第四，截至目前，我国保险行业出现的重大声誉事件比较少。如何在小样本情况下更加准确地估计行业声誉损失，将是今后研究的重点和难点。

附　　录

附表 1　2014 年寿险公司信用评级

序号	保险公司	信用评级
1	中国人寿保险股份有限公司	A++
2	中国平安人寿保险股份有限公司	A++
3	中国太平洋人寿保险股份有限公司	A+
4	太平人寿保险有限公司	A++
5	泰康保险集团股份有限公司	A+
6	中国人民人寿保险股份有限公司	A+
7	新华人寿保险股份有限公司	A++
8	美国友邦保险	A
9	中宏人寿保险有限公司	A
10	富德生命人寿保险股份有限公司	A
11	中国人民健康保险股份有限公司	A+
12	和谐健康保险股份有限公司	B++
13	阳光人寿保险股份有限公司	A+
14	建信人寿保险有限公司	A+
15	民生人寿保险股份有限公司	B++
16	招商信诺人寿保险有限公司	A

续表

序号	保险公司	信用评级
17	安邦人寿保险股份有限公司	A+
18	交银康联人寿保险有限公司	A
19	光大永明人寿保险有限公司	A
20	工银安盛人寿保险有限公司	A
21	信诚人寿保险有限公司	A
22	合众人寿保险股份有限公司	B++
23	中英人寿保险有限公司	A
24	中德安联人寿保险有限公司	B++
25	华泰人寿保险股份有限公司	A
26	中邮人寿保险股份有限公司	A
27	中意人寿保险有限公司	A
28	中荷人寿保险有限公司	A
29	平安健康保险股份有限公司	A
30	天安人寿保险股份有限公司	A
31	中美联泰大都会人寿保险有限公司	A
32	国华人寿保险股份有限公司	A
33	农银人寿保险股份有限公司	A
34	北大方正人寿保险有限公司	A
35	正德人寿保险股份有限公司	A
36	英大泰和人寿保险股份有限公司	A
37	恒安标准人寿保险有限公司	B++
38	百年人寿保险股份有限公司	A

序号	保险公司	信用评级
39	同方全球人寿保险有限公司	A
40	前海人寿保险股份有限公司	A
41	汇丰人寿保险有限公司	A
42	华夏人寿保险股份有限公司	A
43	利安人寿保险股份有限公司	A
44	中银三星人寿保险有限公司	A
45	长城人寿保险股份有限公司	B++
46	陆家嘴国泰人寿保险有限责任公司	B++
47	幸福人寿保险股份有限公司	A
48	恒大人寿保险有限公司	-13.78
49	信泰人寿保险股份有限公司	-14.18
50	珠江人寿保险股份有限公司	-14.49
51	中融人寿保险股份有限公司	A
52	长生人寿保险有限公司	B++
53	弘康人寿保险股份有限公司	B++
54	昆仑健康保险股份有限公司	B++
55	君龙人寿保险有限公司	A
56	吉祥人寿保险股份有限公司	A
57	东吴人寿保险股份有限公司	A
58	新光海航人寿保险有限责任公司	B++
59	中法人寿保险有限责任公司	B++
60	瑞泰人寿保险有限公司	B++

附表 2　2010 年主成分分析结果

主成分	特征值	特征值之差	方差贡献率	累计方差贡献率
Comp1	6.2666	1.8815	0.1899	0.1899
Comp2	4.3851	1.2323	0.1329	0.3228
Comp3	3.1528	0.5642	0.0955	0.4183
Comp4	2.5886	0.5540	0.0784	0.4968
Comp5	2.0346	0.2144	0.0617	0.5584
Comp6	1.8202	0.2155	0.0552	0.6136
Comp7	1.6047	0.1717	0.0486	0.6622
Comp8	1.4330	0.1920	0.0434	0.7056
Comp9	1.2410	0.1748	0.0376	0.7432
Comp10	1.0663	0.1615	0.0323	0.7755

附表 3　2011 年主成分分析结果

主成分	特征值	特征值之差	方差贡献率	累计方差贡献率
Comp1	6.1897	1.9111	0.1876	0.1876
Comp2	4.2786	1.5863	0.1297	0.3172
Comp3	2.6923	0.2695	0.0816	0.3988
Comp4	2.4228	0.3140	0.0734	0.4722
Comp5	2.1088	0.2016	0.0639	0.5361
Comp6	1.9072	0.3334	0.0578	0.5939
Comp7	1.5737	0.0892	0.0477	0.6416
Comp8	1.4845	0.1764	0.0450	0.6866
Comp9	1.3081	0.1277	0.0396	0.7262
Comp10	1.1804	0.1486	0.0358	0.7620

附表 4　2012 年主成分分析结果

主成分	特征值	特征值之差	方差贡献率	累计方差贡献率
Comp1	5. 8179	2. 3817	0. 1763	0. 1763
Comp2	3. 4362	0. 3681	0. 1041	0. 2804
Comp3	3. 0681	0. 3090	0. 0930	0. 3734
Comp4	2. 7591	0. 4742	0. 0836	0. 4570
Comp5	2. 2849	0. 2772	0. 0692	0. 5262
Comp6	2. 0077	0. 3753	0. 0608	0. 5871
Comp7	1. 6324	0. 1775	0. 0495	0. 6366
Comp8	1. 4549	0. 0617	0. 0441	0. 6806
Comp9	1. 3932	0. 2975	0. 0422	0. 7229
Comp10	1. 0957	0. 1706	0. 0332	0. 7561

附表 5　2013 年主成分分析结果

主成分	特征值	特征值之差	方差贡献率	累计方差贡献率
Comp1	5. 8362	1. 7947	0. 1717	0. 1717
Comp2	4. 0415	0. 9405	0. 1189	0. 2905
Comp3	3. 1010	0. 3603	0. 0912	0. 3817
Comp4	2. 7407	0. 5286	0. 0806	0. 4623
Comp5	2. 2121	0. 2039	0. 0651	0. 5274
Comp6	2. 0082	0. 5176	0. 0591	0. 5865
Comp7	1. 4906	0. 0101	0. 0438	0. 6303
Comp8	1. 4805	0. 1467	0. 0435	0. 6739
Comp9	1. 3338	0. 0716	0. 0392	0. 7131
Comp10	1. 2622	0. 1952	0. 0371	0. 7502

附表 6　2014 年主成分分析结果

主成分	特征值	特征值之差	方差贡献率	累计方差贡献率
Comp1	6.8097	1.9645	0.1946	0.1946
Comp2	4.8453	1.9486	0.1384	0.3330
Comp3	2.8967	0.4903	0.0828	0.4158
Comp4	2.4063	0.2007	0.0688	0.4845
Comp5	2.2057	0.3676	0.0630	0.5475
Comp6	1.8381	0.2298	0.0525	0.6000
Comp7	1.6083	0.0430	0.0459	0.6460
Comp8	1.5653	0.1146	0.0447	0.6907
Comp9	1.4506	0.1859	0.0414	0.7322
Comp10	1.2647	0.3202	0.0361	0.7683

附表 7　2015 年主成分分析结果

主成分	特征值	特征值之差	方差贡献率	累计方差贡献率
Comp1	6.1616	1.5827	0.1760	0.1760
Comp2	4.5789	1.8130	0.1308	0.3069
Comp3	2.7659	0.2111	0.0790	0.3859
Comp4	2.5548	0.2729	0.0730	0.4589
Comp5	2.2820	0.3364	0.0652	0.5241
Comp6	1.9455	0.2660	0.0556	0.5797
Comp7	1.6795	0.1350	0.0480	0.6277
Comp8	1.5445	0.3017	0.0441	0.6718
Comp9	1.2429	0.1197	0.0355	0.7073
Comp10	1.1231	0.0828	0.0321	0.7394

附表 8　寿险公司声誉指数(组合赋权法)

序号	保险公司	声誉指数
1	中国人寿保险股份有限公司	58.5001
2	中国平安人寿保险股份有限公司	41.7080
3	中国太平洋人寿保险股份有限公司	34.8397
4	太平人寿保险有限公司	27.2302
5	泰康保险集团股份有限公司	24.8563
6	中国人民人寿保险股份有限公司	23.7218
7	新华人寿保险股份有限公司	23.8766
8	美国友邦保险	18.4726
9	中宏人寿保险有限公司	11.6003
10	富德生命人寿保险股份有限公司	11.6895
11	中国人民健康保险股份有限公司	11.4559
12	和谐健康保险股份有限公司	-1.3392
13	阳光人寿保险股份有限公司	6.0607
14	建信人寿保险有限公司	7.2641
15	民生人寿保险股份有限公司	7.4614
16	招商信诺人寿保险有限公司	3.8302
17	安邦人寿保险股份有限公司	2.5466
18	交银康联人寿保险有限公司	0.2900
19	光大永明人寿保险有限公司	0.8088
20	工银安盛人寿保险有限公司	5.3700
21	信诚人寿保险有限公司	2.8264
22	合众人寿保险股份有限公司	1.6972
23	中英人寿保险有限公司	-0.7747

序号	保险公司	声誉指数
24	中德安联人寿保险有限公司	2.3735
25	华泰人寿保险股份有限公司	−0.0670
26	中邮人寿保险股份有限公司	−0.2065
27	中意人寿保险有限公司	1.3447
28	中荷人寿保险有限公司	−0.6828
29	平安健康保险股份有限公司	−2.6070
30	天安人寿保险股份有限公司	−4.0552
31	中美联泰大都会人寿保险有限公司	−3.3374
32	国华人寿保险股份有限公司	−2.0703
33	农银人寿保险股份有限公司	−0.5029
34	北大方正人寿保险有限公司	−4.6865
35	正德人寿保险股份有限公司	−9.9711
36	英大泰和人寿保险股份有限公司	−5.6167
37	恒安标准人寿保险有限公司	−5.2379
38	百年人寿保险股份有限公司	−7.3714
39	同方全球人寿保险有限公司	−6.2699
40	前海人寿保险股份有限公司	−8.7987
41	汇丰人寿保险有限公司	−7.1547
42	华夏人寿保险股份有限公司	−6.0943
43	利安人寿保险股份有限公司	−9.9266
44	中银三星人寿保险有限公司	−13.5742
45	长城人寿保险股份有限公司	−7.9320
46	陆家嘴国泰人寿保险有限责任公司	−10.8789
47	幸福人寿保险股份有限公司	−8.4968

续表

序号	保险公司	声誉指数
48	恒大人寿保险有限公司	−17.5877
49	信泰人寿保险股份有限公司	−13.8202
50	珠江人寿保险股份有限公司	−12.6988
51	中融人寿保险股份有限公司	−11.8320
52	长生人寿保险有限公司	−16.7953
53	弘康人寿保险股份有限公司	−26.9588
54	昆仑健康保险股份有限公司	−20.2579
55	君龙人寿保险有限公司	−20.1166
56	吉祥人寿保险股份有限公司	−22.6840
57	东吴人寿保险股份有限公司	−22.8444
58	新光海航人寿保险有限责任公司	−31.5438
59	中法人寿保险有限责任公司	−39.6988
60	瑞泰人寿保险有限公司	−20.1259

参 考 文 献

[1] 毕翼:《商业银行声誉风险预警体系初探——基于 Harris-Fombrun 模型的实证分析》,载《上海金融》2013 年第 10 期,第 77~79 页。

[2] 蔡宁、董艳华、刘峰:《董事会之谜——基于尚德电力的案例研究》,载《管理世界》2015 年第 4 期,第 155~165 页。

[3] 陈华:《基于安全的中国保险行业系统性风险研究》,载《保险研究》2008 年第 3 期,第 52~55 页。

[4] 陈占夺:《复杂产品系统特性对风险后果影响的案例研究》,载《管理学报》2015 年第 9 期,第 1263~1272 页。

[5] 程建、连玉君、刘奋军:《言用风险模型的贝叶斯改进研究》,载《国际金融研究》2009 年第 1 期,第 63~68 页。

[6] 迟国泰、潘明道、齐菲:《一个基于小样本的银行信用风险评级模型的设计及应用》,载《数量经济技术经济研究》2014 年第 6 期,第 102~116 页。

[7] 崔淼、欧阳桃花、徐志:《基于资源演化的跨国公司在华合资企业控制权的动态配置——科隆公司的案例研究》,载《管理世界》2013 年第 6 期,第 153~169 页。

[8] 崔亚、谢志刚:《保险行业声誉风险的成因与管控研究》,载《保险研究》2014 年第 7 期,第 109~118 页。

[9] 戴亦一、潘越、陈静:《双重保荐声誉,社会诚信与 IPO 过会》,载《金融研究》2014 年第 6 期,第 146~161 页。

[10] 杜莹芬、张文珂:《虚假陈述赔偿中系统性风险损失的确认与度量——基于廊坊发展股份有限公司的案例研究》,载《中国工业经

济》2013 年第 9 期，第 134~146 页。

[11]费显政、李陈微、周舒华：《一损俱损还是因祸得福？——企业社会责任声誉溢出效应研究》，载《管理世界》2010 年第 4 期，第74~82 页。

[12]高维和、陈信康、江晓东：《声誉，心理契约与企业间关系：基于在华外资企业采购视角的研究》，载《管理世界》2009 年第 8 期，第 102~112 页。

[13]郭飞、肖浩、史永：《为什么人民币汇率波动的影响不显著？——基于美的电器的案例研究》，载《管理世界》2014 年第 10 期，第163~171 页。

[14]郭金龙、赵强：《保险业系统性风险文献综述》，载《保险研究》2014 年第 6 期，第 41~52 页。

[15]郝臣、孙佳琪、钱璟、付金薇：《我国保险公司信息披露水平及其影响研究——基于投保人利益保护的视角》，载《保险研究》2017年第 7 期，第 64~79 页。

[16]何贤杰、孙淑伟、朱红军、牛建军：《证券背景独立董事，信息优势与券商持股》，载《管理世界》2014 年第 3 期，第 148~162 页。

[17]胡炳志、唐甜、王若鹏：《我国产险公司再保险需求影响因素分析——基于 BP 神经网络方法的实证研究》，载《保险研究》2012 年第 6 期，第 3~12 页。

[18]胡敏：《中国商业银行声誉风险度量研究》，湖南大学，2014 年。

[19]胡敏、胡荣尚：《商业银行声誉风险的博弈分析》，载《湘潭大学学报：哲学社会科学版》2014 年第 3 期，第 42~45 页。

[20]赖周静：《行业监管对信息披露质量的影响研究——基于我国保险业的实证证据》，载《保险研究》2016 年第 8 期，第 57~68 页。

[21]李卫东、翟立宏、罗智琼：《我国商业银行声誉指标体系构建研究》，载《金融研究》2010 年第 11 期，第 155~168 页。

[22]李延喜、吴笛、肖峰雷、姚宏：《声誉理论研究述评》，载《管理评论》2010 年第 10 期，第 3~11 页。

[23]李焰、陈才东、黄磊：《集团化运作，融资约束与财务风险——基于上海复星集团案例研究》，载《管理世界》2007 年第 12 期，第 117~135 页。

[24]李焰、王琳：《媒体监督，声誉共同体与投资者保护》，载《管理世界》2013 年第 11 期，第 130~143 页。

[25]刘峰、钟瑞庆、金天：《弱法律风险下的上市公司控制权转移与"抢劫"——三利化工掏空通化金马案例分析》，载《管理世界》2007 年第 12 期，第 106~116 页。

[26]刘彧彧、娄卓、刘军、宋继文：《企业声誉的影响因素及其对消费者口碑传播行为的作用》，载《管理学报》2009 年第 3 期，第 348~353 页。

[27]柳长森、郭建华、金浩、陈健：《基于 WSR 方法论的企业安全风险管控模式研究——"11·22"中石化管道泄漏爆炸事故案例分析》，载《管理评论》2017 年第 1 期，第 265 页。

[28]吕卓：《保险行业声誉风险监管与企业社会责任关系研究》，载《求是学刊》2016 年第 3 期，第 55~61 页。

[29]缪荣、茅宁：《中国公司声誉测量指标构建的实证研究》，载《南开管理评论》2007 年第 1 期，第 91~98 页。

[30]潘小娟、余锦海：《地方政府合作的一个分析框架——基于永嘉与乐清的供水合作》，载《管理世界》2015 年第 7 期，第 172~173 页。

[31]彭长桂、吕源：《制度如何选择：谷歌与苹果案例的话语分析》，载《管理世界》2016 年第 2 期，第 149~169 页。

[32]皮天雷：《国外声誉理论：文献综述，研究展望及对中国的启示》，载《首都经济贸易大学学报》2009 年第 3 期，第 95~101 页。

[33]皮天雷、杨丽弘：《商业银行的操作风险，声誉效应与市场反应》，载《国际金融研究》2015 年第 2 期，第 77~87 页。

[34]戚桂林、刘西顺：《合作博弈下的金融风险处置：罗庄案例》，载《金融研究》2001 年第 9 期，第 104~112 页。

[35]秦良娟、张楠、李响、李安渝：《我国金融机构 IT 外包风险要素

识别案例研究》，载《管理世界》2011 年第 10 期，第 172~173 页。

[36]粟芳、初立苹：《金融业过度投资的甄别及解释》，载《中国工业经济》2017 年第 4 期，第 54~73 页。

[37]锁凌燕：《中国保险业声誉风险管理研究》，载《保险研究》2008 年第 9 期，第 41~43 页。

[38]汪峰、魏玖长、赵定涛：《综合危机应对模式构建与组织声誉修复——基于两个案例的研究》，载《公共管理学报》2013 年第 3 期，第 63~74 页。

[39]王超、王向楠：《保险系统性风险的宏观审慎监管体系探讨》，载《新金融》2016 年第 12 期。

[40]王金凤、贺旭玲、初春虹：《基于"路径—目标"权变理论的全面风险管理案例研究——一个煤炭企业的调查》，载《审计研究》2017 年第 1 期，第 37~44 页。

[41]王康、孙健、周欣：《不完全信息动态博弈视角下的食品安全责任保险问题研究——基于参与主体之间的 KMRW 声誉博弈》，载《江西财经大学学报》2017 年第 2 期，第 70~76 页。

[42]王磊：《金融摩擦，金融中介与金融危机：研究前沿》，载《经济学动态》2014 年第 7 期，第 115~127 页。

[43]王雄元、张春强：《声誉机制，信用评级与中期票据融资成本》，载《金融研究》2013 年第 8 期，第 150~164 页。

[44]王艳红、方淑芬：《商业企业集聚体声誉对消费者购买行为影响的研究》，载《管理世界》2007 年第 7 期，第 162~163 页。

[45]魏涛：《无形资源视角下中国企业海外并购 风险防范与化解策略研究——基于中铝铩羽力拓与华为收购 3Leaf Systems 败北的双案例剖析》，载《湖南社会科学》2016 年第 6 期，第 147~151 页。

[46]郗希：《性别差异视角下的金融危机理论研究动态》，载《经济学动态》2015 年第 4 期，第 121~129 页。

[47]谢德仁、郑登津、崔宸瑜：《控股股东股权质押是潜在的"地雷"吗？——基于股价崩盘风险视角的研究》，载《管理世界》2016 年

第 5 期，第 128~140 页。

[48]谢康、吴瑶、肖静华、廖雪华：《组织变革中的战略风险控制——基于企业互联网转型的多案例研究》，载《管理世界》2016 年第 2 期，第 133~148 页。

[49]熊艳、李常青、魏志华：《媒体"轰动效应"：传导机制，经济后果与声誉惩戒——基于"霸王事件"的案例研究》，载《管理世界》2011 年第 10 期，第 125~140 页。

[50]徐浩萍、罗炜：《投资银行声誉机制有效性——执业质量与市场份额双重视角的研究》，载《经济研究》2007 年第 2 期，第 124~136 页。

[51]徐华、魏孟欣、陈析：《中国保险业系统性风险评估及影响因素研究》，载《保险研究》2016 年第 11 期，第 3~15 页。

[52]徐金发、刘靓：《企业声誉定义及测量研究综述》，载《外国经济与管理》2004 年第 9 期，第 25~30 页。

[53]徐悦薇：《浅谈我国保险公司声誉风险管理》，载《经济研究导刊》2011 年第 29 期，第 157~159 页。

[54]徐召红、李秀荣：《美国房地产业声誉降低的原因及对我国的启示》，载《宏观经济研究》2013 年第 12 期，第 130~136 页。

[55]许庆瑞、吴志岩、陈力田：《转型经济中企业自主创新能力演化路径及驱动因素分析——海尔集团 1984—2013 年的纵向案例研究》，载《管理世界》2013 年第 4 期，第 121~134 页。

[56]许荣、蒋庆欣、李星汉：《信息不对称程度增加是否有助于投行声誉功能发挥？——基于中国创业板制度实施的证据》，载《金融研究》2013 年第 7 期，第 166~179 页。

[57]颜士梅：《创业型并购不同阶段的知识员工整合风险及其成因——基于 ASA 模型的多案例分析》，载《管理世界》2012 年第 7 期，第 108~123 页。

[58]颜士梅、王重鸣：《并购式内创业中人力资源整合风险的控制策略：案例研究》，载《管理世界》2006 年第 6 期，第 119~129 页。

[59]姚铮、罗炜阳:《国外证券承销商声誉研究综述》,载《外国经济与管理》2006 年第 2 期,第 52~59 页。

[60]叶康涛、张然、徐浩萍:《声誉,制度环境与债务融资——基于中国民营上市公司的证据》,载《金融研究》2010 年第 8 期,第 171~183 页。

[61]叶永刚、刘敏、张培:《基于宏观资产负债表方法的县域金融风险研究——基于湖北省通山县的案例》,载《经济管理》2014 年第 2 期,第 100~110 页。

[62]袁琳、张宏亮:《董事会治理与财务公司风险管理——基于 10 家集团公司结构式调查的多案例分析》,载《会计研究》2011 年第 5 期,第 65~71 页。

[63]袁琳、张伟华:《集团管理控制与财务公司风险管理——基于 10 家企业集团的多案例分析》,载《会计研究》2015 年第 5 期,第 35~41 页。

[64]张乐才:《企业资金担保链:风险消释,风险传染与风险共享——基于浙江的案例研究》,载《经济理论与经济管理》2011 年第 10 期,第 57~65 页。

[65]张琳、徐建硕:《保险声誉风险的来源及危害》,载《中国保险》2015 年第 11 期,第 5 页。

[66]张强、胡敏:《基于贝叶斯网络的我国商业银行声誉风险度量研究》,载《财经理论实践》2014 年第 2 期,第 2~8 页。

[67]张仁德、姜磊:《银行声誉,存款人预期与银行挤兑》,载《南开经济研究》2005 年第 1 期,第 96~99 页。

[68]张维功、何建敏、丁德臣:《基于 BP 神经网络专家系统的财产保险公司全面风险预警系统研究》,载《西安电子科技大学学报(社会科学版)》2009 年第 1 期,第 27~32 页。

[69]张新香、胡立君:《声誉机制,第三方契约服务与平台繁荣》,载《经济管理》2010 年第 5 期,第 143~150 页。

[70]赵桂芹、吴洪:《保险体系的系统风险相关性评价:一个国际视

角》，载《保险研究》2012 年第 9 期，第 112~119 页。

[71] 赵杰、丁云龙、许鑫：《制造业中小企业内生优势生成路径分析——一个典型案例透视》，载《管理世界》2013 年第 4 期，第 1~7 页。

[72] 赵晶、王明：《利益相关者，非正式参与和公司治理》，载《管理世界》2016 年第 4 期。

[73] 郑梦灵、王丽珍：《基于 CoVaR 的保险机构系统性风险研究》，载《上海保险》2017 年第 1 期，第 42~48 页。

[74] 郑秀娟、米运生：《集体声誉：形成机制，功能及其应用——一个文献综述》，载《海南金融》2014 年第 5 期，第 28~32 页。

[75] 郑志刚、丁冬、汪昌云：《媒体的负面报道、经理人声誉与企业业绩改善——来自我国上市公司的证据》，载《金融研究》2011 年第 12 期，第 163~176 页。

[76] 周嘉南、段宏、黄登仕：《投资者与创始人的争斗：冲突来源及演化路径——基于我国公司公开冲突事件的案例分析》，载《管理世界》2015 年第 6 期，第 154~163 页。

[77] 朱南军：《中国寿险资金运用效率研究》，北京：经济科学出版社 2016 年版。

[78] 朱南军、韩佳运：《险资举牌的逻辑，特征与策略》，载《金融市场研究》2016 年第 4 期，第 85~91 页。

[79] 祝继高、王春飞：《大股东能有效控制管理层吗？——基于国美电器控制权争夺的案例研究》，载《管理世界》2012 年第 4 期，第 138~152 页。

[80] 祝伟、黄薇：《保险业低声誉的经济学解释：基于时间不一致偏好的视角》，载《经济研究》2013 年第 8 期，第 131~142 页。

[81] 卓志、朱衡：《保险业系统性风险研究前沿与动态》，载《经济学动态》2017 年第 6 期，第 109~120 页。

[82] Acharya V., Engle R., Richardson M.: Capital Shortfall: A New Approach to Ranking and Regulating Systemic Risks, American

Economic Review, 2012, 102(3): 59-64.

[83] Aharony J., Swary I.: Additional Evidence On the Information-Based Contagion Effects of Bank Failures, Journal of Banking & Finance, 1996, 20(1): 57-69.

[84] Aikman D., Nelson B., Tanaka M.: Reputation, Risk-Taking, and Macroprudential Policy, Journal of Banking & Finance, 2015, 50: 428-439.

[85] Baranoff E.: An Analysis of the AIG Case: Understanding Systemic Risk and its Relation to Insurance, Journal of Insurance Regulation, 2012, 31.

[86] Barnett M. L.: Waves of Collectivizing: A Dynamic Model of Competition and Cooperation Over the Life of an Industry, Corporate Reputation Review, 2006, 8(4): 272-292.

[87] Basel Committee: International Convergence of Capital Measurement and Capital Standards: A Revised Framework, Switzerland: Basel, 2004.

[88] Basel Committee: Enhancements to the Basel II Framework, Switzerland: Basel, 2009.

[89] Biell L., Muller A.: Sudden Crash Or Long Torture: The Timing of Market Reactions to Operational Loss Events, Journal of Banking & Finance, 2013, 37(7): 2628-2638.

[90] Bobtcheff C., Chaney T., Gollier C.: Analysis of Systemic Risk in the Insurance Industry, The Geneva Risk and Insurance Review, 2016, 41 (1): 73-106.

[91] Bolton P., Freixas X., Shapiro J.: The Credit Ratings Game, The Journal of Finance, 2012, 67(1): 85-111.

[92] Boubakri N.: Corporate Governance and Issues From the Insurance Industry, Journal of Risk and Insurance, 2011, 78(3): 501-518.

[93] Cai B., Liu Y., Liu Z., Tian X., et al.: Application of Bayesian Networks in Quantitative Risk Assessment of Subsea Blowout Preventer

Operations, Risk Analysis, 2013, 33(7): 1293-1311.

[94] Carter R. B., Power M. L.: Reputational Signals and Capital Acquisition When Insurance Companies Go Public, The Geneva Papers on Risk and Insurance-Issues and Practice, 2012, 37(3): 485-508.

[95] Caruana A.: Corporate Reputation: Concept and Measurement, Journal of Product & Brand Management, 1997.

[96] Chaudhury M.: A Review of the Key Issues in Operational Risk Capital Modeling, The Journal of Operational Risk, 2010, 5(3): 37.

[97] Chavez-Demoulin V., Embrechts P., Nešlehová J.: Quantitative Models for Operational Risk: Extremes, Dependence and Aggregation, Journal of Banking & Finance, 2006, 30(10): 2635-2658.

[98] Clardy A.: Organizational Reputation: Issues in Conceptualization and Measurement, Corporate Reputation Review, 2012, 15(4): 285-303.

[99] Cowan A. R., Power M. L.: Interfirm Stock PriceEffects of Asset-Quality Problems at First Executive Corporation, Journal of Risk and Insurance, 2001: 151-173.

[100] Cowell R. G., Verrall R. J., Yoon Y. K.: Modeling Operational Risk with Bayesian Networks, Journal of Risk and Insurance, 2007, 74(4): 795-827.

[101] Csiszar E., Heidrich G. W.: The Question of Reputational Risk: Perspectives From an Industry, The Geneva Papers on Risk and Insurance-Issues and Practice, 2006, 31(3): 382-394.

[102] Cummins J. D., Wei R., Xie X.: Financial Sector Integration and Information Spillovers: Effects of Operational Risk Events On US Banks and Insurers, Available at SSRN 1071824, 2007.

[103] Cummins J. D., Weiss M. A.: Systemic Risk and the US Insurance Sector, Journal of Risk and Insurance, 2014, 81(3): 489-528.

[104] Cummins J. D., Weiss M. A., Xie X., Zi H.: Economies of Scope in Financial Services: A DEA Efficiency Analysis of the US Insurance

Industry, Journal of Banking & Finance, 2010, 34(7): 1525-1539.

[105] Distaso M. W.: How Occupy Wall Street Influenced the Reputation of Banks with the Media, Corporate Reputation Review, 2015, 18(2): 99-110.

[106] Eckert C., Gatzert N.: Modeling Operational Risk Incorporating Reputation Risk: An Integrated Analysis for Financial Firms, Insurance: Mathematics and Economics, 2017, 72: 122-137.

[107] Eling M., Pankoke D.: Systemic Risk in the Insurance Sector—What do We Know? University of St. Gallen, 2012.

[108] Eling M., Schmeiser H.: Insurance and the Credit Crisis: Impact and Ten Consequences for Risk Management and Supervision, The Geneva Papers on Risk and Insurance-Issues and Practice, 2010, 35(1): 9-34.

[109] Fenn G. W., Cole R. A.: Announcements of Asset-Quality Problems and Contagion Effects in the Life Insurance Industry, Journal of Financial Economics, 1994, 35(2): 181-198.

[110] Fiordelisi F., Soana M., Schwizer P.: The Determinants of Reputational Risk in the Banking Sector, Journal of Banking & Finance, 2013, 37(5): 1359-1371.

[111] Fombrun C. J., Gardberg N. A., Sever J. M.: The Reputation QuotientSM: A Multi-Stakeholder Measure of Corporate Reputation, Journal of Brand Management, 2000, 7(4): 241-255.

[112] Forstmoser P., Herger N.: Managing Reputational Risk: A Reinsurer's View, The Geneva Papers on Risk and Insurance-Issues and Practice, 2006, 31(3): 409-424.

[113] Gardberg N. A., Fombrun C. J.: The Global Reputation Quotient Project: First Steps Towards a Cross-Nationally Valid Measure of Corporate Reputation, Corporate Reputation Review, 2002, 4(4): 303-307.

[114] Gatzert N.: The Impact of Corporate Reputation and Reputation Damaging Events on Financial Performance: Empirical Evidence from the Literature, European Management Journal, 2015, 33 (6): 485-499.

[115] Gatzert N., Schmit J. T., Kolb A.: Assessing the Risks of Insuring Reputation Risk, Journal of Risk and Insurance, 2016, 83 (3): 641-679.

[116] Gillet R., Hübner G., Plunus S.: Operational Risk and Reputation in the Financial Industry, Journal of Banking & Finance, 2010, 34(1): 224-235.

[117] Goldsmith R. E.: Reputation: Realizing Value From the Corporate Image, The Service Industries Journal, 1997, 17(2): 354.

[118] Gopalan R., Nanda V., Yerramilli V.: Does Poor Performance Damage the Reputation of Financial Intermediaries? Evidence From the Loan Syndication Market, The Journal of Finance, 2011, 66 (6): 2083-2120.

[119] Harrington S. E.: The Financial Crisis, Systemic Risk, and the Future of Insurance Regulation, Journal of Risk and Insurance, 2009, 76 (4): 785-819.

[120] Heidinger D., Gatzert N.: Awareness, Determinants and Value of Reputation Risk Management: Empirical Evidence From the Banking and Insurance Industry, Journal of Banking & Finance, 2018, 91: 106-118.

[121] Ishihara K.: Reputation Management in the Japanese Insurance Marketplace, The Geneva Papers on Risk and Insurance-Issues and Practice, 2006, 31(3): 446-453.

[122] Jarrow R. A.: Operational Risk, Journal of Banking & Finance, 2008, 32(5): 870-879.

[123] Jones R. A., Pérignon C.: Derivatives Clearing, Default Risk, and

Insurance, Journal of Risk and Insurance, 2013, 80(2): 373-400.

[124] Klein R. W.: Principles for Insurance Regulation: An Evaluation of Current Practices and Potential Reforms, The Geneva Papers on Risk and Insurance-Issues and Practice, 2012, 37(1): 175-199.

[125] Krawczyk M.: The Role of Repetition and Observability in Deterring Insurance Fraud, The Geneva Risk and Insurance Review, 2009, 34 (1): 74-87.

[126] Kwon W. J.: Human Capital Risk and Talent Management Issues in the Insurance Market: Public Policy, Industry and Collegiate Education Perspectives, The Geneva Papers on Risk and Insurance-Issues and Practice, 2014, 39(1): 173-196.

[127] Laas D., Siegel C. F.: Basel III Versus Solvency II: An Analysis of Regulatory Consistency Under the New Capital Standards, Journal of Risk and Insurance, 2017, 84(4): 1231-1267.

[128] Lange D., Lee P. M., Dai Y.: Organizational Reputation: A Review, Journal of Management, 2011, 37(1): 153-184.

[129] Levin J.: The Dynamics of Collective Reputation, The BE Journal of Theoretical Economics, 2013, 9(1): 1-25.

[130] Magee S., Schilling C., Sheedy E.: Risk Governance in the Insurance Sector—Determinants and Consequences in an International Sample, Journal of Risk and Insurance, 2019, 86(2): 381-413.

[131] Morrison A. D., White L.: Reputational Contagion and Optimal Regulatory Forbearance, Journal of Financial Economics, 2013, 110 (3): 642-658.

[132] Mühlnickel J., Weiß G. N.: Consolidation and Systemic Risk in the International Insurance Industry, Journal of Financial Stability, 2015, 18: 187-202.

[133] Perry J., De Fontnouvelle P.: Measuring Reputational Risk: The Market Reaction to Operational Loss Announcements, Available at

SSRN 861364, 2005.

[134] Pfeffer I.: Measuring the Profit Potential of a New Life Insurance Company, The Journal of Risk and Insurance, 1965, 32 (3): 413-422.

[135] Roberts P. W., Dowling G. R.: Corporate Reputation and Sustained Superior Financial Performance, Strategic Management Journal, 2002, 23(12): 1077-1093.

[136] Schanz K.: Maintaining Stakeholder Trust in Difficult Times: Some Fundamental Reflections in Light of the Credit Crisis, The Geneva Papers on Risk and Insurance-Issues and Practice, 2009, 34 (2): 260-270.

[137] Schanz K.: Reputation and Reputational Risk Management, The Geneva Papers on Risk and Insurance—Issues and Practice, 2006, 31 (3): 377-381.

[138] Schürmann S.: Reputation: Some Thoughts from an Investor's Point of View, The Geneva Papers on Risk and Insurance-Issues and Practice, 2006, 31(3): 454-469.

[139] Schwarcz D., Schwarcz S. L.: Regulating Systemic Risk in Insurance, The University of Chicago Law Review, 2014: 1569-1640.

[140] Stansfield G.: Some Thoughts On Reputation and Challenges for Global Financial Institutions, The Geneva Papers on Risk and Insurance-Issues and Practice, 2006, 31(3): 470-479.

[141] Stewart G.: Can Reputations be "Managed"? The Geneva Papers on Risk and Insurance-Issues and Practice, 2006, 31(3): 480-499.

[142] Sturm P.: Operational and Reputational Risk in the European Banking Industry: The Market Reaction to Operational Risk Events, Journal of Economic Behavior & Organization, 2013, 85: 191-206.

[143] Talantsev A.: A Systematic Approach to Reputation Risk Assessment, Modelling, Computation and Optimization in Information Systems and

Management Sciences: Springer, 2015: 461-473.

[144] Tirloe J.: A Theory of Collective Reputations', Review of Economic Studies, 1996, 63: 1-22.

[145] Walker K.: A Systematic Review of the Corporate Reputation Literature: Definition, Measurement, and Theory, Corporate Reputation Review, 2010, 12(4): 357-387.

[146] Weiß G. N., Mühlnickel J.: Why do Some Insurers Become Systemically Relevant? Journal of Financial Stability, 2014, 13: 95-117.

[147] Winfree J. A., Mccluskey J. J.: Collective Reputation and Quality, American Journal of Agricultural Economics, 2005, 87(1): 206-213.

[148] Winn M. I., Macdonald P., Zietsma C.: Managing Industry Reputation: The Dynamic Tension Between Collective and Competitive Reputation Management Strategies, Corporate Reputation Review, 2008, 11(1): 35-55.

[149] Yu T., Lester R. H.: Moving Beyond Firm Boundaries: A Social Network Perspectiveon Reputation Spillover, Corporate Reputation Review, 2008, 11(1): 94-108.

[150] Zboron M.: Reputational Risk in the Context of AM Best's Rating Analysis, The Geneva Papers on Risk and Insurance-Issues and Practice, 2006, 31(3): 500-511.